潜在意識は1秒で変えられる！

潜在能力を顕在化し
自己成長できるメソッド

薬剤師・
心理カウンセラー
近藤祐子

Isiris

イシリスマークの活用方法

イシリスマークの上に、食品や化粧品など農薬や添加物が気になるものを乗せます。すると、一瞬だけ乗せておくだけで、その対象物のエネルギーが高周波に引き上げられ、農薬や添加物の影響がなくなります。変化したことは筋肉反射テスト（63ページ参照）で確認できます。しかし、筋肉反射テストにはまず訓練が必要です。まずは、清涼飲料水や、ワイン、コーヒーなどで実験してみるとよいでしょう。

イシリスマークの上に乗せたものは、人工的な添加物や色素、炭酸が抜けてしまうので、たとえばコーラや、添加物で味を調整しているジュースは少し味が落ちます。一方で、添加物を使っていない清涼飲料水などは逆においしくなります。ワインは尖った酸味がまろやかに変わるケースが多いようです。また、ブラックコーヒーはマイルドになります。

エネルギーがわかる方であれば、本書が部屋の中にあるだけで雰囲気が良くなるのがわかるはずです。就寝時に枕元に置いておくのもお勧めできます。

食品や化粧品以外にもあらゆるものを浄化できるので、ぜひみなさんのＱＯＬ（生活の質）の向上に活用してみてください。

はじめに

誰しも「自分らしく生きたい」「理想の自分になりたい」「能力を発揮したい」「人に認められたい」……と思ったことがあるはずです。

総じて言えば「自分の人生を思い通りにしたい」ということでしょう。

これは決して過ぎた願いではありません。

人生を思い通りにできたなら、気持ちに余裕ができて自分らしくのびのびと生きるようになり、周囲の人にも優しくなります。そして、喜びをひとり占めせず、むしろ共有するでしょう。

しかし、ほとんどの人の人生は思い通りになることはなく、悩み、苦しみ、葛藤、ストレスの中で右往左往するしかないのが現実です。

特に日本では、経済的な豊かさをひたすら追い求めてきた時代が一段落ついて、心の豊かさややすらぎが重視される時代にシフトしてきたことで、改めて心の悩みや葛藤に気づきだした人が増えているようです。

ネットでＳＮＳを少しのぞいてみれば、そんな不平不満の声だらけであると気づくでしょう。

あなたは人生にブレーキをかけている

では、どうして人生は思い通りにならないのか？

それは、自分本来の能力に強固なブレーキがかかっているからです。

人間の意識は、自分が気づいている顕在意識が1％で、気づいていない潜在意識が残り99％だといわれています。

人生が思い通りにならない人は、その99％でブレーキをかけています。だから、1％の顕在意識で一所懸命アクセルを踏んでいても、自分の思う方向へ進んでいきません。

人生が思い通りにならない原因は、自分自身の潜在意識にあるのです。

潜在意識を変えるのはこれまで至難の業だった

顕在意識の望みに合わせて潜在意識を変えると、その人の潜在能力が最大限に引き出され、人生を思い通りに生きられる――自己啓発をテーマにした書籍の多くで、そう説かれています。

まさしくその通りなのですが、1％の顕在意識で99％の潜在意識を変えるのは至難の業です。

事実、自己啓発書を何冊も読み、書かれていることを実践したにもかかわらず、人生は依然として思い通りにならないという人はたくさんいるはずです。

どうすれば潜在意識は変わるのか？

顕在意識よりもずっと大きな潜在意識を変えるには、さらに大きな意識からアプローチするしかありません。その意識を「宇宙意識」といいます。

意識とはエネルギーでもあるので、個を超えて波のように広がって他者に影響を与えます。その原理を利用すれば、宇宙意識に目覚めた人が他の人の潜在意識を変えるのは容易です。

私はあるとき、宇宙根源のエネルギーとつながる体験をし、それ以来、宇宙意識そのものとしてのエネルギーを使って多くの人の潜在意識を変えてきました。

そのエネルギーを応用したのが、３万人以上の潜在意識を変えてその人らしい人生をもたらしてきた「イシリス33メソッド®」です。

実は、本書にも宇宙根源のエネルギーがチャージされています。

本書を手に取ったというだけで、あなたの潜在意識は変わりはじめているのです。

「あり得ない話だ」と一笑に付すのは簡単ですが、まずは読んでみて宇宙根源のエネルギーを実感してください。本書では誰もが納得できるよう豊富な事例を紹介しており、またエネルギーを体感する手段も提供しています。

「イシリス33メソッド®」は一瞬で潜在意識を変える

日本人は錬磨され成熟した魂を持っており、高い潜在能力を有しています。そして近い将来、日本人がその能力を存分に発揮して世界を主導する時代が到来します。

いくつかの理由からそれは遅れていますが、私は日本中の経営者とも協力して、日本人全員の能力を大きく引き出したいと考えています。宇宙根源のエネルギーを使えば一瞬で潜在意識は変わるので、決して荒唐無稽なことではありません。

しかし私はまず、今このページを開いているあなたから変えたい。

ぜひ潜在意識を変えて、人生を思い通りに生きてほしい。

「イシリス33メソッド®」なら潜在意識を変えるのは一瞬です。そして「イシリス高周波エネルギーチャージ®アロマ」や「イシリス高周波エネルギーチャージ®アロマパフューム」は、あなたを宇宙意識の高みへと一気に引き上げます。

さらに、あなたがもし望むなら「イシリス33メソッド®」を学んで、自分や他者の潜在意識を変えられるようにもなれます。

これまでに約1000名がこの方法を学んでいます。彼らはこの日本を、ひいては世界を変える先駆者として、各自のフィールドで貢献していくことでしょう。

本書の前半ではまず、潜在意識を変えることの重要性とその難しさを改めて順を追って解説し、その上で、潜在意識が人生に強固なブレーキをかけてしまう理由を説明します。

ついで後半では、宇宙根源のエネルギーを応用した「イシリス33メソッド®」の理論と概要、事例を紹介します。薬剤師という形で医療現場にいた私がそこに至った経緯の他、今までにない「イシリス高周波エネルギーチャージ®アロマ」や「イシリス高周波エネルギーチャージ®アロマパフューム」などの開発についても事例を交えて伝えていきます。

そして本書の最後では、これから大きな変化を迎える日本と世界における、「イシリス33メソッド®」の意義について触れます。

あなたをはじめとして、日本人が持っている本来の能力を引き出したいというのが私の願いです。本書が、あなたの人生を好転させる一助になれば幸いです。

2024年9月

近藤祐子

Part 2

潜在意識は努力では変えられない

Part 3

宇宙根源のエネルギーが潜在意識を一瞬で変える

Part 4 私の過去生が導いた「魂の覚醒」

Part 5

香りに込めた潜在意識改善プログラム

Part 6

宇宙根源のエネルギーで日本から世界を変える

Part I

人生は潜在意識で99%決まる

あなたの人生にはブレーキがかかっている？

どんな人でも、自分の人生を思い通りにしたいと考えるはずです。

これまで、そんなことは考えたこともなかったという人でも「もし自分の人生を思い通りにできたらいいなと思いませんか？」と問いかけたなら、きっと同意するでしょう。

しかし、人生を思い通りにできる人はごく少数で、ほとんどの人はそうなりません。

だから、多くの人は幸運を待ち望むのではなく、地道に頑張る道を選びます。地道に頑張ってさえいれば、自分の人生を思い通りにできるかもしれないと考えるからです。

ところが、自分の身の周りや世の中を見渡してみればわかるように、頑張りが実を結ぶことは少なく、そもそも何らかの理由でその〝頑張り〟ができないことも多いものです。

また、どんなに頑張って思い通りの自分になれたとしても、周囲の環境が逆風となって襲いかかり、すべてが水の泡となることもあります。

まるで、物事がうまくいくことに対して〝ブレーキ〟でもかかっているかのような人生。

ほとんどの人はそんな人生に右往左往しているうちに歳だけを重ねていき、やがてタイムオーバーとなります。

〝結果〟には必ず〝原因〟がある

実は、人生にかかっているブレーキは、私たちが自分自身にかけています。

そして、そのブレーキが〝原因〟で、私たちの人生がうまくいかないという〝結果〟が生じます。この結果を変えたいなら、原因であるブレーキのほうをどうにかするしかありません。

人は現象として起きてくる結果ばかりに注目しますが、真に目を向けるべきは原因のほうです。これを「原因と結果の法則」として100年以上前にわかりやすく説いたのが、イギリスの作家ジェームズ・アレンです。

彼が1902年に刊行した『As a man thinketh(人は思った通りの人間になる)』という本は、その後に登場した数々の自己啓発書の原点であり、今なお多くの読者の心をとらえている名著です。

その日本語訳の本から、原因と結果の法則を端的に述べた箇所を次に引用しましょう。

「あなたの人生を作っているのはあなた自身である」

それは思考の力によってです。その思考はあなたが選択し、深めたものです。あなたのマインドが内面的にはあなたの性格を作りだし、外面的にはあなたの環境を作り出しているのです。

もう1か所引用してみます。

私たちの人生はある法則に従っています。それはどんな策略を使っても変えることはできません。原因と結果の法則は絶対的なもので揺るぎがありません。

『新訳 原因と結果の法則』(角川文庫)より

目に見えない思考の世界においても、目に見える物質の世界においても、それはまったく変わりません。

『新訳 原因と結果の法則』(角川文庫)より

この原因と結果の法則は「因果律」ともいい、古代から哲学の重要テーマとなってきました。仏教でも説かれており、「因果」は仏教用語でもあります。

現代的な表現なら、「原因と結果の法則」を「宇宙の法則」としてもいいでしょう。科学的な事実として、私たちの住むこの宇宙は原因と結果の連鎖によって成り立っているからです。

「原因」は潜在意識にある

「原因と結果の法則」を理解し、私たちが自身にかけているブレーキを開放したなら、人生は思い通りになります。では、そのブレーキはどこにあるのでしょうか？

先の引用で、ジェームズ・アレンは思考を変えればよいと説いています。ブレーキをかけている思考を変えれば、その人の性格、性格から生じてくる行動、さらには周囲の環境や状況まで好転するということです。

私もこれに同意します。しかし、ほとんどの場合で、その〝ブレーキをかけている思考〟は意識できない心の領域に隠れており、そこに変化を起こすことは困難です。

心の領域には顕在意識と潜在意識の２つがあります。

顕在意識とは自覚できる領域のことであり、潜在意識とは自覚できない領域のことです。潜在意識は自覚の外にあるので「無意識」ともいいます。

心理学では顕在意識と潜在意識の比率を、前者が３％、後者が97％と説明することが多いようです。

正確に数値化できるわけではないので、正しいとも正しくないともいえませんが、私のこれまでの経験からは、顕在意識が１％で、潜在意識は99％であると考えています。

顕在意識と潜在意識の関係は、氷山の絵でよくたとえられます。

氷山は海上で見えている部分よりも、海中にあって見えていない部分のほうがずっと大きくなっています。顕在意識と潜在意識の比率もそれと同じで、少しだけ見えている顕在意識の背後には大きな潜在意識の領域が潜んでいます。

私は以前、これに関係した講義を東京大学の准教授から受けたことがあります。

やはり、その方も顕在意識と潜在意識の比率について〝1対99〟と考えており、「顕在意識は1%だ」「君たちは1%で生きている」と教えていただきました。

当時の私は、「自分の自由になる意識がたった1%だなんて」と残念な気持ちを持ちましたが、すぐに「残り99%には可能性があ

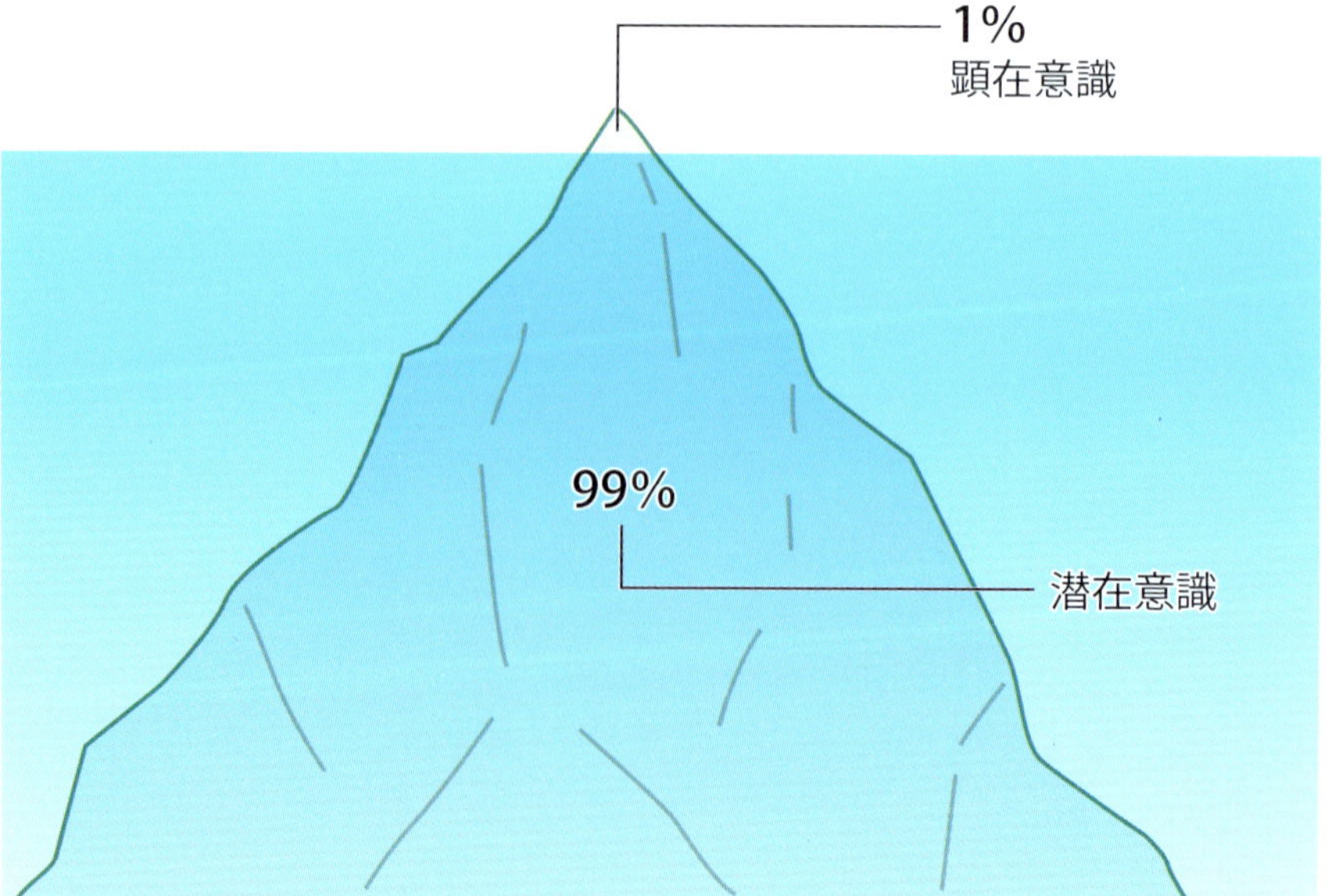

図1　1%の顕在意識と99%の潜在意識

るということだ」と思い直しました。

心の領域の99%が潜在意識であるのなら、人生を思い通りに生きられない原因になっているブレーキのほとんどは潜在意識に存在しています。逆に考えれば、潜在意識を変えられたら、人生は思い通りになるということです。

この観点は、のちに私が考案した「イシリス33メソッド®」の礎になっています。

1%の顕在意識の願いに99%の潜在意識がブレーキをかける

「こういう人生にしたい」という願いは顕在意識のものです。本人は心の底からの願いであると思っていても、それはわずか1%の顕在意識における思いでしかありません。

では、99%の潜在意識にブレーキとなる思いがあったなら？

1対99という比率と、原因と結果の法則で考えれば、願いはかなわないことになります。

つまり、願いがかなうかどうか、人生を思い通りにできるかどうかを左右するのは、99%の潜在意識です。潜在意識が〝原因〟で、顕在意識と現実がその〝結果〟なのです。

そのため、1%の顕在意識が「できる」と思ったことを、99%の潜在意識も同様に「できる」と思っていれば実現します。これは、顕在意識と潜在意識のベクトルが一致するからです。

逆に、顕在意識が「できる」と思っても、潜在意識が「できない」とブレーキをかけていれば実現しません。

人生の成功者と同じように考え、行動し、努力を極めてもなお成功できないのは、99%の潜在意識が成功にブレーキをかけているからです。この潜在意識の「できない」を「できる」に変えられたなら人生は思い通りになります。

同じ周波数のものが人生に引き寄せられる

ジェームズ・アレンは19ページの引用の通り、思考の力が自身の性格を作り、また周囲の環境も作っていると述べています。

ここに少し補足して、顕在意識の願いと潜在意識の周波数が一致したときに、同じ周波数の物事を周囲の環境に引き寄せると説明してみましょう。いわゆる「引き寄せの法則」です。

学校の音楽室にあった音叉を思い出してください。

音叉を鳴らすと所定の周波数で振動します。このとき、近くに同じ周波数の音叉があれば、共鳴してそちらも振動しはじめます。小中学校の理科の時間にこの実験をやったことがある人もいるでしょう。

このように同じ周波数のものは互いに共鳴し合います。人生においてもこうした共鳴が起こり、共鳴し合う人や物事を引き寄せます。

この引き寄せの法則について、ジェームズ・アレンはこう書いています。

私たちの魂は、それが密かに思っていることを引き寄せます。魂はそれが愛するものを引き寄せ、また恐れているものも引き寄せます。これが「引き寄せの法則」です。

『新訳 原因と結果の法則』（角川文庫）より

もし思っていることを引き寄せられたなら、顕在意識の願いと潜在意識の思いが同じ方向を向いていて、周波数が一致していたと考えていいでしょう。

逆に、恐れていることを引き寄せたなら、潜在意識がその恐れを持っているのです。その場合、顕在意識が何を願っても、恐れの周波数に応じた物事が引き寄せられます。

ジェームズ・アレンがこの本を書いた時代はまだ、潜在意識という概念があまり広まっていないため、私の説明と少し違うところもあります。しかし、根本的なところは同じです。

原因と結果の法則も引き寄せの法則もともに〝宇宙の法則〟なので、時代を超えてあらゆることに当てはまります。

周波数の高い人は周囲の人を引き上げる

同じ周波数の人を引き寄せるという現象は多くの人が体験しているはずです。たとえば、周囲にいる親しい人を観察してみると、会話や身のこなしのリズムがどこか似ています。それは周波数が合っているのです。

では、高い周波数を持つ人の周りに、そうでない人がいるとどうなるのでしょうか？

高い周波数は振動が高速であり、それだけ大きなエネルギーを持っています。そこで、周囲に周波数の低い人がいると、その相手にエネルギーを与えて周波数を引き上げる作用が生じます。水が高いほうから低いほうへ流れるようなものです。

いわゆるカリスマ性のある人の近くにいると、やる気が鼓舞され能力を発揮しやすくなるのはそのためです。そういう人は周囲を引き上げる影響力を発揮した結果、カリスマと見なされるようになったのでしょう。

過去の体験と感情は潜在意識に記憶される

人だけでなく、すべての物事に周波数があるので、自分が高い周波数になればそれに見合っ

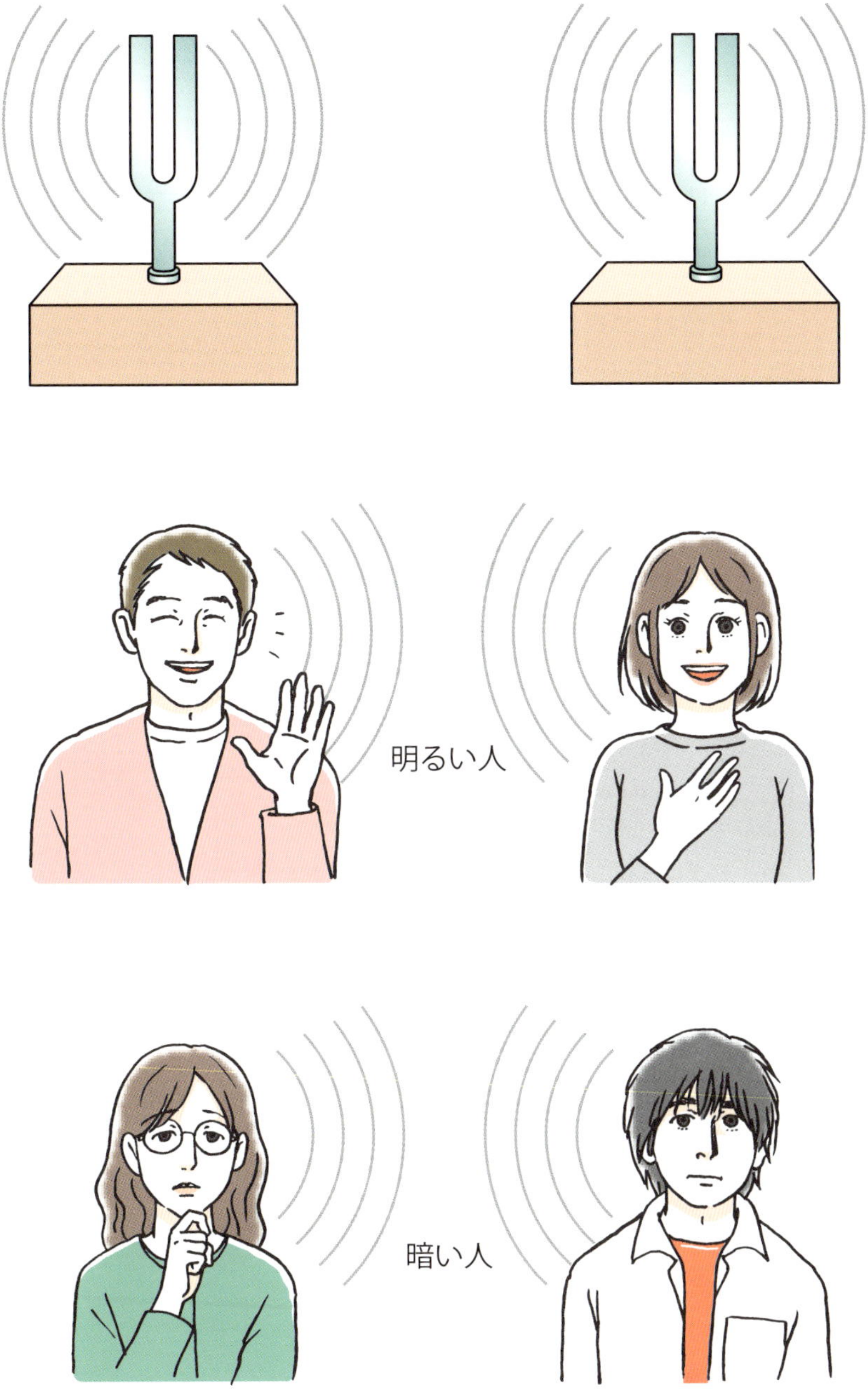

図2　同じ周波数の音叉が共鳴し合うように、人の思いも同じ周波数の物事を引き寄せる

た物事を引き寄せ、低い周波数になればやはりそれ相応の物事を引き寄せます。

たとえば、過去に嫌な出来事があって悲しい思いをした人は、その思いの周波数が再び似たような出来事を引き寄せてしまいます。

顕在意識では忘れてしまっていても、潜在意識の中で思いを引きずっていれば同じことです。忘れたつもりでいたことが突然フラッシュバックする、あるいは、過去の体験と似た、嫌な出来事が繰り返し起きてくるのはそのせいです。

ここで、もう少し詳しく、顕在意識と潜在意識の違いについて説明しましょう。

まず、顕在意識は自覚できる心の領域であり、簡単に言えば〝自分がわかっている自分〟のことです。この〝自分〟は知性を司っていて言語的で論理的であり、分析や判断、意思決定を行います。脳でいうと左脳の機能に関係しています。

一方、潜在意識は自覚できない心の領域であり、感性を司っていて非言語的で感情的です。過去の人生で見聞きしたこと、考えたこと、そのときに抱いた感情や欲望などが記憶されます。また、人生において影響力を発揮し続ける概念、癖や習慣、人格の性質などがここで形成されていきます。脳でいうと右脳の機能に関係しています。

潜在意識の周波数は何度も似た体験を引き寄せる

潜在意識には過去の体験とそれに伴う感情がずっと記憶されているので、自身ではそれを忘れたつもりでいても、顕在意識に対する強力なブレーキとして働くことがあります。

たとえば、過去の人間関係で嫌な出来事があったなら、新たに人間関係を築こうとするときにブレーキとなるでしょう。

さらに、同じ周波数の人や物事を引き寄せるという法則により、人と関わったとしても再び嫌な出来事をもたらす相手を引き寄せてしまいます。

何度も人に騙されたり傷つけられたりする人がいるのも、そのためです。

これまで私が見てきた中には、周囲の人に勧められた投資でいつも失敗している方がいました。失敗していったんは投資から離れても、また新たに出会った人に投資を勧められ

顕在意識	潜在意識
• 左脳 • 有意識 • 今生の経験によるデータ • 自覚できる心の領域 • 知性を司っている • 言語的 • 論理的 • 分析、判断、意思決定を行う	• 右脳 • 無意識 • 過去生の膨大なデータ • 自覚できない心の領域 • 感性を司っている • 非言語的 • 感情的 • 過去の人生での体験と感情を記憶する • 自覚していない概念、癖や習慣 • 人格の性質

図3　顕在意識と潜在意識の比較

て失敗してしまうのです。

このケースでは、潜在意識がそういう周波数になってしまっているので、どうしても繰り返しを避けられません。

また日常的なことでは、何度も自転車で転んでしまう方がいました。障害物のない平らなところで転ぶなど、自分でも「何で転んだんだろう」と頭をひねるような不思議な転び方をしたこともあるそうです。その後、またすぐに転んで病院送りになっています。

このケースでは、潜在意識が〝転んでしまう人〟になっているので、顕在意識でどんなに注意していても転んでしまいます。１％の顕在意識の「転びたくない」という思いと、99％の潜在意識の「転んでしまう」では前者に勝ち目はないからです。

本人によると「何かに引っ張られているように転んでしまう」のだそうです。まさに、潜在意識が顕在意識を引っ張っているのです。

これらのケースのように、同じような人物と何度も出会ってしまうとか、同じ物事が何度も起きてしまうような場合、潜在意識にその原因があるのは確実です。

過去の体験とそれに伴う感情からそういう周波数になっていて、同じ周波数の人や物事を引き寄せているのです。

イシリス33メソッド®は一瞬で潜在意識のブレーキを開放する

ここで紹介したケースでも、潜在意識を変えれば事態は好転します。

過去の体験の記憶は変えられませんが、それに反応する感情なら変えられます。そして、感情がネガティブからポジティブに変換されると、それに見合った人や物事を引き寄せるようになります。

たとえ、嫌な体験があったとしても、「嫌だ」「不幸だ」「悲しい」といったネガティブな感情ではなく、「良い学びとなった」というポジティブな感情を持つことができたなら、潜在意識の周波数は高くなり、嫌な体験をしなくなるのです。

そうやって潜在意識を変えていけば、あなたは人生を思い通りにできます。

通常のアプローチでは、ネガティブな感情をポジティブに変換するのが難しいのは確かです。できたとしても非常に長い時間がかかってしまいます。

ところが、私が考案したイシリス33メソッド®であれば、ひとつの潜在意識のネガティブな感情を一瞬でポジティブに変換できます。一瞬でブレーキを開放できるのです。

つまり、このメソッドを活用すれば、人生を思い通りにすることを妨げているすべてのブレーキを、非常に短期間で開放できるのです。

あまりにあっけないので、イシリス33メソッド®のセッションで私が「はい、ブレーキを開放しましたよ」と伝えても、当の本人は「えっ？」という感じできょとんとしていることもあります。

セッションでは所定の検査をして変化を確認してもらいますが、仮にその確認をしなくても人生は確実に好転していくので、やがて効果を実感できます。

宇宙のすべては振動しておりそれぞれに周波数があるので、潜在意識の周波数が変われば、その人と周囲のすべてが変化していくのは当然のことです。

次のＰａｒｔでは、従来のアプローチでは潜在意識を変えることが難しい理由を説明した上で、イシリス33メソッド®の革新的な特徴について紹介します。

Part 2

潜在意識は努力では
変えられない

顕在意識は潜在意識を変えられない

従来の自己啓発のアプローチで潜在意識を変えることが難しいのは、その「変えよう」とする動機や努力が顕在意識のものだからです。

たとえば、アファメーションという方法ではポジティブな言葉を繰り返し口に出したり、心の中で唱えたりします。自己啓発の分野ではおなじみの方法ですが、言葉は顕在意識の働きなので潜在意識に影響を及ぼすことはできません。

感情は言葉で表現できるので、それなら逆に、言葉で潜在意識の感情に影響を与えられる気もします。

しかし、生《なま》の感情には言葉で表現しきれない膨大なニュアンスが含まれています。たとえば、言葉で「悲しい」と表現できる感情であっても、100人いれば100通りの「悲しい」があるものです。

潜在意識にアプローチする方法には他に、イメージを使った引き寄せ、ヒプノセラピー(催眠療法)、瞑想などが挙げられます。いずれも顕在意識が関与するので潜在意識を変えるのは難しいでしょう。

潜在意識を変えられる方法があったとしても、顕在意識が1%、潜在意識が99%という比率になっているため、非常に長い期間がかかってしまいます。

次に、脳と潜在意識の関係についてもお話ししましょう。

何かに集中していたり、ストレスを感じたりしているときは、β波（ベータ波）が優位になります。

一方、リラックスしているときに出現するのがα波（アルファー波）です。潜在能力が発揮しやすい状態です。

なお、眠気があるときや深い瞑想状態にあるときはθ波（シータ波）が出現します。

ストレスが多い現代人の生活は、β波が優位になりがちです。つまり、知らず知らずのうちに、潜在意識につながりづらいライフスタイルを送ってしまっているのです。

潜在意識はより高い次元の意識

先に顕在意識は思考を司り、潜在意識は感情を司ると説明しました。しかし、潜在意識の領域の広大さはそれだけでは十分に語りきれません。

まず顕在意識とは、縦・横・高さという3次元空間において目に見える物事をとらえる意識です。つまり、顕在意識の思考は3次元のロジックだといえます。

一方、潜在意識とは、感情のような目に見えないものをとらえる意識です。人間は理解できないものがあるとロジックで解明しようとしますが、潜在意識は３次元を超えた次元にあるので、３次元のロジックでは決して測ることができません。

目に見える物事をとらえる意識で、目に見えないものを把握できないのは当然です。ビルの階数にたとえると、３次元の顕在意識は３階で、潜在意識は４階以上の階です。高い階であればあるほど見晴らしがいいように、高次元であるほど視野が広がります。そのため、３階の顕在意識の視野では、潜在意識を理解することはできません。

また、顕在意識と潜在意識は、光でたとえることができます。

電磁波には、赤外線や紫外線、Ｘ線などさまざまな波長があります。しかし、人が目で見えるのは４００nm～８００nmの波長だけで

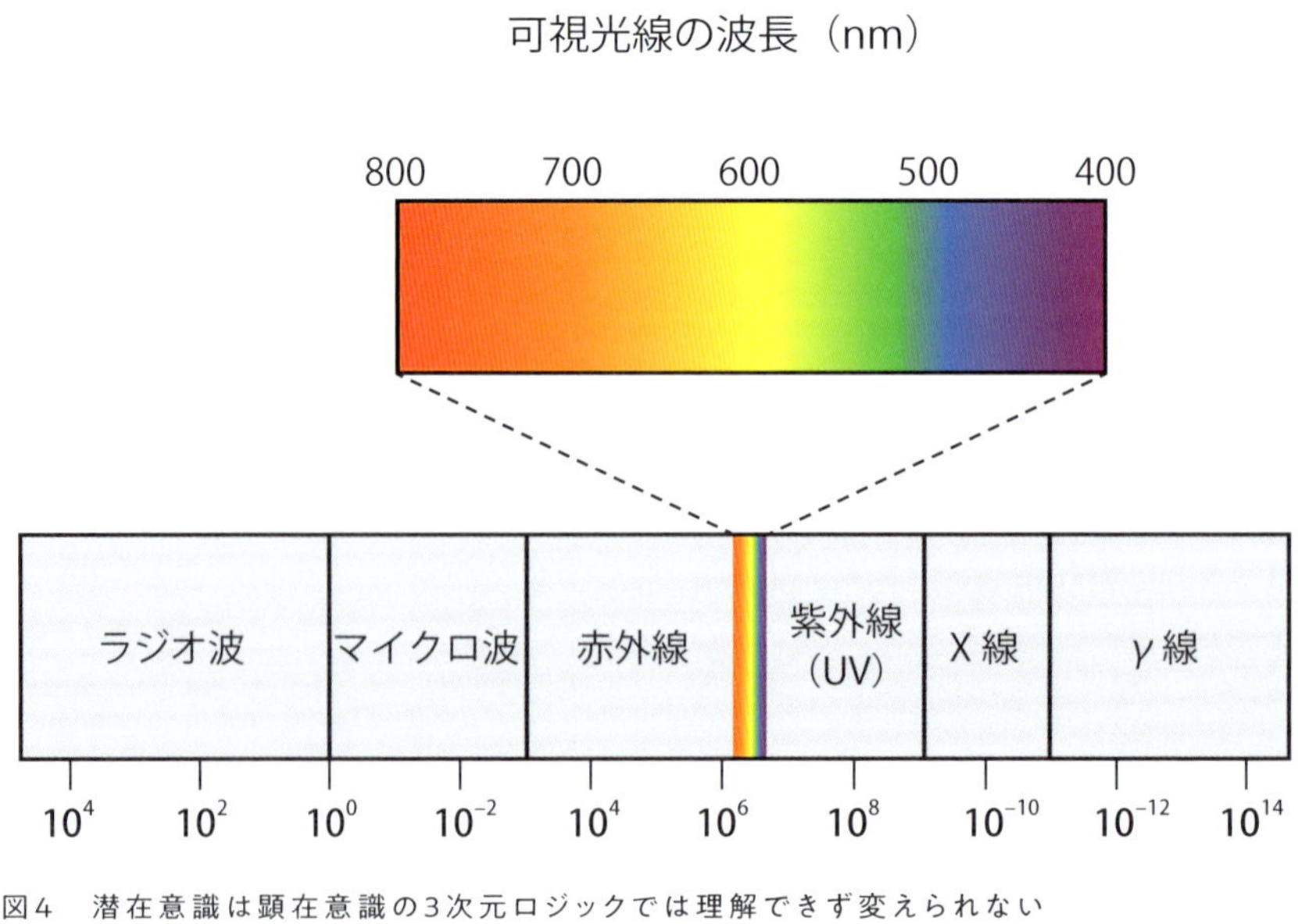

図４　潜在意識は顕在意識の３次元ロジックでは理解できず変えられない

す。全体のごくわずかで、これを可視光線（目に見える光）といいます。

つまり、人は見えていない部分のほうが多いのです。見えている部分が顕在意識で、多くの見えていない部分が潜在意識と考えると、イメージしやすいでしょう。

顕在意識と潜在意識の関係を氷山にたとえた図1（22ページ参照）では、潜在意識が下にきています。しかし実際のところ、潜在意識は顕在意識よりも高い次元の意識です。

ジェームズ・アレンをはじめとする自己啓発のアプローチの多くは理論としては正しいのです。しかし、その方法は顕在意識における3次元のロジックに終始しているので、潜在意識を変えることはほとんど不可能です。

潜在意識は過去生の記憶のソース

潜在意識が広大なのはそのほとんどが過去生（前世）の体験に由来するからです。

東洋では輪廻転生という概念があり、人には無数の過去生があると考えられています。一説には、300～350回ほども転生するといわれています。

たとえば、チベット仏教のダライ・ラマ法王は、世襲や選挙ではなく輪廻転生によって次代が決まります。先代のダライ・ラマの魂が輪廻転生して次代の法王となるのです。そこで、これまでは先代のダライ・ラマが亡くなると、僧侶たちが次代の法王となる生まれ変わりの子どもを探してきました。

通常、生まれ変わるときに過去生の記憶は消されますが、顕在意識で思い出せないだけであり、潜在意識にはすべて記憶されているようです。

たとえば、「生まれながらの天才ピアニスト」などと、生まれながらに突出した才能を持つ子どもがしばしば話題になります。

これなども、過去生の存在を想定しないと説明がつきません。過去生で繰り返し訓練してきたことだから、今回の人生では難なくその技量を発揮できるのです。

これは特殊な例ですが、実は多くの人が過去生に由来するとしか思えない体験をしています。たとえば、初めて旅行に行った地なのに、遠い過去にいたような懐かしさを覚えることがないでしょうか。あるいは、何かを見たり聞いたりしたときに、まったく悲しくないのに涙があふれてくることもあります。

こうした体験は、顕在意識では覚えていない過去生の記憶に由来すると考えていいでしょう。

このように、たくさんの過去生の記憶が潜在意識に存在するのであれば、それに対する顕在意識の比率は1％どころではなく、もっと小さいかもしれません。

輪廻転生はすでに証明されている

輪廻転生は現在の科学では説明がつかないため、信じられない人も多いはずです。しかし、一部の精神科医は、患者の中に過去生の記憶を持つ人がしばしば現れることを証言しています。『前世療法』（PHP研究所）などの著書で知られる精神科医ブライアン・L・ワイスは、生まれ変わりを特に信じているわけではない患者が、退行催眠療法で過去生らしき記憶を思い出したことをきっかけに輪廻転生へ関心を持ちました。

当初、ワイスは輪廻転生を信じていませんでした。しかし、患者の語る過去生らしき記憶の内容を公的な記録で確認したところ、その記憶が事実であることを確信しました。

一方、『前世を記憶する子どもたち』（日本教文社）などの著書を持つ精神科医イアン・スティーヴンソンは数千を超える事例を科学的に調査し、正確な過去生の記憶を持つ人がいることを実証しました。

スティーヴンソンのある調査では、子どもが語った過去生の内容から、とある故人を特定しました。その故人を知る人に話を聞いたところ、子どもが語った過去生における利き手や傷跡の特徴が事実と完全に一致していたのです。

こうした事例が数多くあることから、輪廻転生と過去生が存在することはほぼ証明されたといっていいでしょう。

過去生の記憶は生まれてくるときに隠される

ワイスやスティーヴンソンが伝えるような特殊なケースを除き、ほとんどの人は過去生の記憶を持ちません。潜在意識には記憶されていても、顕在意識では思い出せないのです。

私たちはお母さんのおなかの中にいるときは宇宙意識につながっています。

先ほどのように意識をビルの階数にたとえるなら、宇宙意識とはとても高いところにある最上階の意識です。宇宙とつながったような広大な視野を持つ意識といっていいでしょう。

ところが、産道を通って生まれるときに地球という3次元空間へ入っていきます。

また、宇宙意識では時間の感覚はありませんが、生まれると同時に地球の公転や自転が刻む時間経過の中へ入っていきます。

つまり、私たちは誕生時に、高いところにあって空間と時間を超えた最上階から、3階（3次元）まで一気に降りてくるのです。それにより見晴らしは大幅に制限され、過去生の記憶は潜在意識の奥深くに隠されます。

とはいえ、ほとんどの人にとっては、過去生の記憶は思い出せないほうがいいのです。

過去生を忘れていったんゼロになって、顕在意識で感じられる3次元空間や時間経過を感じながら〝今〟に生きるほうが、多くの人にとっては生きやすいからです。

潜在意識の先にあるアカシックレコード

さて、実は過去生の記憶はその人だけのものではありません。

私はこれまで過去生の記憶を持っているという方に何人も出会っており、輪廻転生という考え方を当たり前のように受け入れてきました。

その中には、他の人の過去生がわかるという方もいます。さらに、今では私も他の人の過去生を知ることができます。

3次元のロジックにおいて、記憶とはその人だけのものです。しかし、より高い次元では個人という枠組みを超えて宇宙で起きたすべてが記憶されており、それを「アカシックレコード（世界記憶）」といいます。一説には、過去だけではなく未来も記録されているそうです。

顕在意識と潜在意識を氷山でたとえた図でいうと、個々の氷山は独立していても大海でつながっています。それと同じく、すべてを包み込むほど高い次元にアカシックレコードがあると考えればいいでしょう。この領域は心理学で「集合的無意識」と呼ばれます。

アカシックレコードの概念は、「シュタイナー教育」と呼ばれる幼児教育の創始者としても知られる思想家ルドルフ・シュタイナーが最初に提唱しました。

19世紀末から20世紀前半にかけてドイツなどで活躍したシュタイナーは、自身がアカシックレコードから読み取った、知られざる地球と人類の歴史をもとに多くの本を著しています。

また、同じく19世紀末から20世紀前半にかけてアメリカで活躍したエドガー・ケイシーは、自己催眠状態でアカシックレコードを読み取り、顧客の過去生を探ったり、疾患の治療法を見出したりしました。

ここで興味深いのは、ケイシーは敬虔なクリスチャンであり、初めは輪廻転生を信じていなかったということです。

ケイシーの自己催眠状態はフルトランスといって、その最中は完全に意識を失います。本人の自覚のないままアカシックレコードを読み取って口述するので、当初は目覚めてから記録を見たケイシーが、過去生や輪廻転生について語っている自身の言葉にショックを受けたそうです。これではキリスト教の教義に反してしまうと思ったのです。

しかし、「リーディング」と呼ばれるケイシーによるアカシックレコードの口述記録は継続され数万件にもおよびました。

特に、医療に関するリーディングは多くの人々の実践を経て、今でも高く評価されています。アメリカの他、各国にケイシー療法を施すクリニックがあるほどです。

過去生の「原因」は従来の方法では特に対処が難しい

私もまた、相談者の過去生を知る必要があるときは、アカシックレコードから情報を読み取ります。私の場合、瞬間的にビジョンが現れてきたり声の形で聞こえてきたりするので、それをお伝えすると相談者が腑に落ちた様子を見せることがほとんどです。

とはいえ、すべての情報を読み取れるわけではなく、相談者の潜在意識から「これ以上はちょっと……」とブレーキがかかることもあります。

しかし、そうしたケースでもセッションを進めて潜在意識を解きほぐしていくと、ブレーキが外れて新たな情報が開示されていくものです。

相談内容に関して、これまでの人生を振り返ってもこれといった原因を見出せないなら、過去生に原因があると考えていいでしょう。過去生の原因による結果として、現在の人生に問題が起きているのです。

ジェームズ・アレンが提唱した「原因と結果の法則」は宇宙の普遍的な法則ですが、彼は〝過去生における原因〟までは想定していませんでした。

アレンの著書に端を発するさまざまな自己啓発の教えも同様で、過去生までは視野に入れていません。そのため、原因が過去生にあると手の打ちようがないのです。

私は『WOMAN Serendipity』（扶桑社）というムック本で、胎内記憶に関する著書を何冊も出している医師の池川明先生と対談させていただいたことがあります。

池川先生は、相談者が胎内にいるときの記憶を引き出して治療に生かしており、輪廻転生の存在についても認めています。その上で、「過去のあらゆる人の記憶がモジュール化されたアーカイブがどうやらあるらしい」と推測されています。

そのアーカイブについて私が「宇宙には、原始から未来までのすべての事象が記録されたアカシックレコード（世界記憶）があって、私はそこにアクセスすることができるのですが、池川先生のおっしゃったアーカイブは、アカシックレコードのことではないかと思います」とお伝えしたところ、「そうかもしれませんね」というお答えをいただきました。

医療にしても自己啓発にしても、地球に生まれてからの3次元のロジックだけでは良い結果が出ないことがあります。その場合、池川先生のように胎内記憶へアプローチしたり、アカシックレコードを通して過去生を探ったりする必要があります。

今のあなたは人類の歴史の集大成

地球に生を受け、3次元のロジックにもとづく顕在意識に切り替わると、それまでの宇宙意識は潜在意識の奥深くに隠れます。過去生の記憶もアカシックレコードとしての宇宙の記憶もすべて隠れてしまうのです。

宇宙というとピンとこないかもしれませんが、地球だけで考えても46億年、人類（現生人類）の誕生からでも20万年の歴史の記憶が、潜在意識の奥深くに隠されていることになります。その場合、仮に人生100年だとして、人類20万年の歴史と比較すると個人の一生はその5万分の1＝0・002％でしかありません。

この計算でいくと顕在意識は1％ですらなく、0・002％ということになります。顕在意識が小さいのではなく、潜在意識があまりに広大なのです。

8割ほどの人はその人生を終えるときに後悔の思いを抱くそうですが、顕在意識だけで生きているとそうなります。顕在意識には本来の0・002％分の能力しかないと考えるなら、それも納得です。

そこで、後悔のない人生を送るには、どうしても潜在意識にアプローチするしかありません。

今この世界で生きているあなたは、いくつもの過去生や人類の歴史の集大成です。そこに原因を求めるのは「原因と結果の法則」で考えても筋道が通っています。

過去生の記憶は同じ周波数の記憶・感情を引き寄せる

人生を思い通りにするには、3次元のロジックで今のこの人生だけのことを考える従来の自己啓発の方法では困難です。さまざまな心理セラピーもそこは同じです。

あなたの望む人生を送りたいのであれば、癒したりするには、〝過去生の原因〟にアプローチする必要があります。

たとえば、誠実に頑張っているのに経済的な苦境に何度も立たされる人は、お金を得ることについて潜在意識でブレーキがかかっています。過去生でお金に関することで他人を苦しめた経験があり、無自覚の罪悪感を持っているのかもしれません。

こうしたブレーキは家系で引き継がれることもあります。高利貸しで貧しい庶民を苦しめた先祖がいる場合に、その子孫代々がお金に困るといったケースがあるのです。

また、人前で話さなければならないときに、急に動悸がしてパニック状態になる人は、演説している人に投石したような過去生があるのかもしれません。

かつて自分がやったのと同じことをやられるのではないか、という恐れが潜在意識でブレーキをかけているのです。この場合、顕在意識は何もわかっていないので、原因不明としか思えないでしょう。

このように原因不明のパニック状態に陥ったり、コントロールできない感情が一気にあふれてきたり、あるいは嫌な記憶を一度に思い出して追い詰められた気持ちになったりする場合、過去生の記憶がトリガーとなって同じ周波数の記憶や感情を引き寄せている可能性があります。あるいは、家族関係に問題があるなら、過去生で敵対関係にあった人たちが同じ家族に生まれていると考えていいでしょう。日本でいうと、戦国時代に敵対関係だった者同士が夫婦になっているケースは多いです。愛し合って結婚したはずなのに、やがていがみ合ってしまう夫婦が多いのはそのせいです。

そういうケースでも、イシリス33メソッド®で潜在意識にある過去生での憎しみや悲しみの感情を変換すれば、夫婦関係は改善していきます。過去の記憶そのものは歴史の記録ですから変えられませんが、それに対する反応としての感情はフラットにできます。

潜在意識の「ブレーキ」とは逆向きのベクトル

さて、ここまでも何度か触れたように、潜在意識の中にあって、現在の人生を思い通りにできなくしている感情のことを本書では「(潜在意識の)ブレーキ」と呼んでいます。このブレーキを開放しないことには、人生を前へ前へと進めることができません。

ただ、ブレーキといっても自転車やバイク、車のそれとは仕組みが違います。それらのブレーキは摩擦によって車輪を止めますが、潜在意識のブレーキは顕在意識が向かおうとする方向の逆方向へのベクトルへと力がかかるようにして働きます。

ベクトルとは、物理学や数学において方向と力の大きさを示す概念であり、一般的に矢印として表現されます。

そこで、顕在意識が進みたい方向のベクトルと逆向きで同じ力のベクトルが潜在意識に存在していると、まったく動けないことになります。これが潜在意識のブレーキです。それ以上の力がかかっていれば、逆向きに進んでいくでしょう。

そのため、顕在意識では絶対的な確信や熱意を持って望んだことでも、それは意識全体の1％でしかなく、99％かそれ以上を占める潜在意識の中に逆向きの意識のベクトルが存在していれば、それはかないません。

たくさんの過去生の中には失敗経験も少なくないでしょうから、それが大きなブレーキとして働きます。前へ進もうとしているのに後ろ向きにぐいぐい引っ張られているようなものです。

私のところには経営者の方も多く訪れます。みなさん才気あふれる方ばかりですが、「いいところまで行くのに結局ダメになる」という悩みを口にするケースも少なくありません。これはまさに潜在意識のブレーキのせいです。

一般的にも、わずかに「できないかも」と思っただけで、１００％の確信が30％までダウンするといわれています。

潜在意識のベクトルを逆向きから平行に、さらに一致させる

イシリス33メソッド®のセッションは、潜在意識のブレーキを開放するだけではありません。顕在意識の願いに潜在意識のベクトルをぴたりと合わせ、人生を思い通りにすることを強力に推進します。

顕在意識が「できる」と確信しているときに、潜在意識が「できない」と思っているのがブレーキです。イシリス33メソッド®のセッションでは、この「できない」を開放して「できる」に一瞬で変換させます。

ただし、「できる」という思いにもさまざまな方向性があるので、顕在意識の「できる」のベクトルと潜在意識の「できる」のベクトルが完全に一致するとは限りません。

その場合でも、ベクトルがおおよそ同じ方向を向いて平行であれば、まずは上出来です。この状態でも人生は着実に好転していくでしょう。

しかし、イシリス33メソッド®では、顕在意識と潜在意識のベクトルを完全に一致させることをセッションのゴールとしており、そのための方法論が確立しています。これについては次のPartで実際のセッションを例に詳しく説明します。

顕在意識と潜在意識のベクトルの一致は周波数が一致することでもあり、そうなると自分だ

けでなく周囲の環境や人間関係まで大きく変わります。思いと現実とのタイムラグがなくなり、「思えば瞬時にかなう」の世界に入っていくのです。

「意識＝エネルギー」の観点で人生に変化を起こす

顕在意識や潜在意識におけるベクトルとは力とその方向を示すものですから、「エネルギー」と言い換えることもできます。

また、感情や物事の周波数もやはりエネルギーとして考えることができ、先に説明したように、ポジティブな高い周波数がより強いエネルギーを持ちます。意識とはエネルギーそのものであるといってもいいでしょう。

そして、物理学が説くように、エネルギーは宇宙の万物を作っています。つまり、宇宙とはエネルギーのダイナミックな活動そのものであり、目に見えない潜在意識が変化すると、目に見える現実世界にもそれに応じた変化が起こります。

すべての原因と結果はエネルギーでつながっており、その作用がなければ引き寄せの法則もあり得ません。しかし、従来の自己啓発にはその観点が存在しないか、あるいは十分ではないのです。

私たちの心の大部分を占めている潜在意識をもし自在に活用できたなら、それは宇宙を形作っているエネルギーを自在に使えるということにも等しく、事実上、人生の可能性は無限大となります。

意識とエネルギーの関係について、私は目に見えてわかりやすい例を目撃したことがあります。

アームレスリング（腕相撲）のチャンピオンだという女性と偶然出会ったのですが、第一印象はいわゆる〝ムキムキ〟という感じではありませんでした。

「少し腕が太いかな」という程度でしたが、意識を腕に向けてグッと力を込めるとムクムクと筋肉が盛り上がり、境目がきれいに割れている鍛え上げられた腕が現れたのです。驚いた私がどうやって鍛えているのか聞くと、「意識で鍛えている」と答えました。

一般的な筋トレでは負荷をかけて筋線維を一部損傷させ、それが修復するときにより太い筋線維になることを利用して筋肉を太くしていきます。一方、この女性のやり方では筋トレの後に特定の筋肉に意識を向けることで、そこをよりいっそう太くできるそうです。

腕にケガをして筋トレができないときでも、鍛えたい場所を意識するだけでググッと筋肉が盛り上がってくるというのですから、意識の力でエネルギーを自在に操っていることは確かです。

顕在意識のイメージでエネルギーは動かせない

エネルギーは目に見えませんが感じることはでき、その情報はイメージとして右脳＝潜在意識に入ります。

しかし、そのイメージを明確に認識しようとすると、左脳＝顕在意識において、その人独自の言語化のフィルターを通ってしまいます。もとのエネルギーとは違った形での認識しかできないのです。

つまり、顕在意識はエネルギーそのものを正しく認識できないので、どんなにアファメーションを唱えたりイメージしてみたりしてもエネルギーを操ることはできません。

では、どうしてアームレスリングの女性は顕在意識を使ってエネルギーを操り、筋肉を自在に鍛えられたのでしょうか？

実のところ彼女は、無自覚に潜在意識を使っています。私が見たところ、過去生で潜在意識を使いこなしてエネルギーを操る術《すべ》に長けていたから、それが自然にできているようです。

本人は潜在意識について何の知識もないのですが、イシリス33メソッド®の講座を受けたなら、積極的にそこを活用できるようになり、さらに筋トレの成果を高めることができるでしょう。

宇宙根源のエネルギーをチャージしたカードを試してもらったことはあり、カードを筋肉に当ててもらったところ、「あ、硬くなってきました」「いつも自分が筋肉に意識を向けて鍛えるときの感覚と同じです」と驚いていました。

彼女自身のエネルギーよりも、宇宙根源のエネルギーのほうが強いので効果が出るのは当然です。とはいえ、カードを当てるだけで筋肉が鍛えられるのですから、彼女にとってはさぞ衝撃的な体験だったはずです。

次のＰａｒｔでは、イシリス33メソッド®の根幹に関わってくる宇宙根源のエネルギーについてさらに詳しく説明し、この革新的な方法の詳細も紹介していきましょう。

Part 3

宇宙根源のエネルギーが
潜在意識を一瞬で変える

「イシリス33メソッド®」とは？

イシリス33メソッド®は、セッションを受ける方の潜在意識にある「できない」というブレーキを変換して「できる」に変え、本来の能力を最大限に引き出します。それが一瞬でできるという点が他にはない特徴です。

潜在意識にはこれまで何百回も、あるいは何千回も輪廻転生して蓄積してきた記憶や能力が眠っています。人類の歴史20万年分まで数えるなら途方もない規模の蓄積となり、それはあなたにとっての〝宝の山〟です。

潜在意識のブレーキさえ開放できれば、その宝の山から引き出した能力を際限なく活用できるはずです。

私たちは苦行をするために生まれてきたのではありません。成果の出ない努力をいつまでも続けるよりは、なるべく早くブレーキを外して人生を思い通りにしたほうがいいでしょう。

早いうちにそうしたほうが、より長い年月、社会にも貢献できます。能力を発揮して生きていれば、自分だけでなく周囲にもプラスを与えることになるからです。

先に説明したように、意識はエネルギーなので高い周波数のエネルギーであれば潜在意識のブレーキを開放して「できない」を「できる」に変換できます。

イシリス33メソッド®では、非常に高い周波数を持つ「宇宙根源のエネルギー」を用いるので、潜在意識の周波数は一瞬で引き上げられ「できない」は「できる」に変換されます。

「宇宙根源のエネルギー」のルーターになる

イシリス33メソッド®の養成講座で私からのエネルギー伝授を受けると、誰もが宇宙根源のエネルギーとつながる能力を修行や努力なしに得られます。この伝授もまた一瞬です。

伝授を受けた人の中には、頭のてっぺんから体の中心軸に沿って入ってくるエネルギーを体感するケースもあります。また、「炭酸水の中にいるみたいに細胞がシュワシュワする」と表現する人もいます。

しかし、そうした体感があってもなくても、伝授を受けた人はみな宇宙根源のエネルギーを使えるようになります。

現代人にはルーターでたとえるとわかりやすいかもしれません。

最近は多くの家庭で、室内に引き込んだネット回線をルーターという機器に接続し、そこからＷｉ‐Ｆｉでパソコンやスマホ、タブレット、ゲーム機などに電波を飛ばしてネット回線を利用しています。

これと同じように、イシリス33メソッド®の伝授を受けた人は宇宙根源のエネルギーを自身の内に引き込んで宇宙根源のエネルギーのルーターとなり、それをさまざまな形で活用できます。

具体的には、イシリス33メソッド®のセッションを行って自分や他者の能力を引き出したり、仕事や健康、対人関係、恋愛や結婚などの問題をすみやかに解決できたりします。

他のエネルギー伝授との違い

宇宙根源のエネルギーは、ビルの階数でたとえると最上階にあたる意識のエネルギーですから、物事の全体をとらえられる広い視野を得ることにもつながります。見晴らしのいい意識が開かれ、より高い視点から物事を俯瞰《ふかん》できるようになるのです。

では、伝授を受けた人と、伝授する私の違いは何でしょうか？

これについては、私が常に宇宙根源のエネルギーにつながっているのに対し、伝授を受けた人は必要なときにそのつど、つながるという点が異なります。

また、私は対象となる物が常時エネルギーを保持するようにチャージできますが、伝授を受けた人はそうしたチャージはできません。

エネルギーを使えるようになるための伝授は、イシリス33メソッド®以外にも実施しているところがあり、私のところにもそうした講座を受けたことのある人がやってきます。

そういう人に、他で伝授を受けたエネルギーを使ってみてもらったところ、効果が出るまでに時間がかかり、その効果もいまひとつでした。

確かに宇宙エネルギーではあるようですが、3次元の地球により近いところのものという印象で、周波数がそれほど高くないようです。

その点、イシリス33メソッド®で使うエネルギーは宇宙根源からのものなので、最善の効果を一瞬でもたらすことができます。

エネルギーフィールドへ働きかけ、一瞬で潜在意識を変える

潜在意識を変える方法は実は他にもあります。たとえば、ヒプノセラピー（催眠療法）を使えば、潜在意識にアプローチできます。

しかし、顕在意識から潜在意識へ誘導するのには時間がかかり、またそこから顕在意識に戻すのにも時間がかかります。ヒプノセラピーのセッションは、短くても1時間〜1時間半ほどを要するはずです。

一方、イシリス33メソッド®なら、これが一瞬で済みます。ただ、変化自体は一瞬ですが所定のステップを踏むため正確には5秒かかります。私はこれを「5秒意識変換瞑想法®」として商標登録しています。

5秒でもかなり短いので、あっけなさすぎて本人はその場では実感できないかもしれません。

しかし、変化が起きていることを確認する方法があり、またセッション後に人生が好転していくことによっても効果を確信できます。

なぜ、一瞬で済むのかを理解するために、エネルギーフィールドについて説明しましょう。


人体の周囲に広がるエネルギーの場がエネルギーフィールドです。これは、体の外に放射された意識のエネルギーであり、これ自体もまた意識と見なすことができます。

光がどこまでも遠くへ飛んでいくように、エネルギーフィールドは無限に広がっていきます。そのうち、体に近いところを特に「オーラ」と呼んでいます。

オーラが見えるという人は結構いて、一般的な言葉にもなっているのでみなさんも聞いたことがあると思います。

エネルギーフィールドのほとんどの領域は透明ですが、オーラはさまざまな色で見えます。明るい意識を持っている人ほどオーラも明るいのです。その逆に、気分が落ち込んでいたり病気があったりするとオーラは黒ずみます。

さて、エネルギーフィールドはエネルギーであると同時に意識でもあるので、何か質問を投げかけると瞬時に答えが返ってきます。言葉で返ってくるのではなく、エネルギーとして返ってくるのです。

原因も解決方法も、本人の潜在意識から答えをもらうことができます
宇宙根源のエネルギーで聞くと、ちゃんと答えが返ってきます

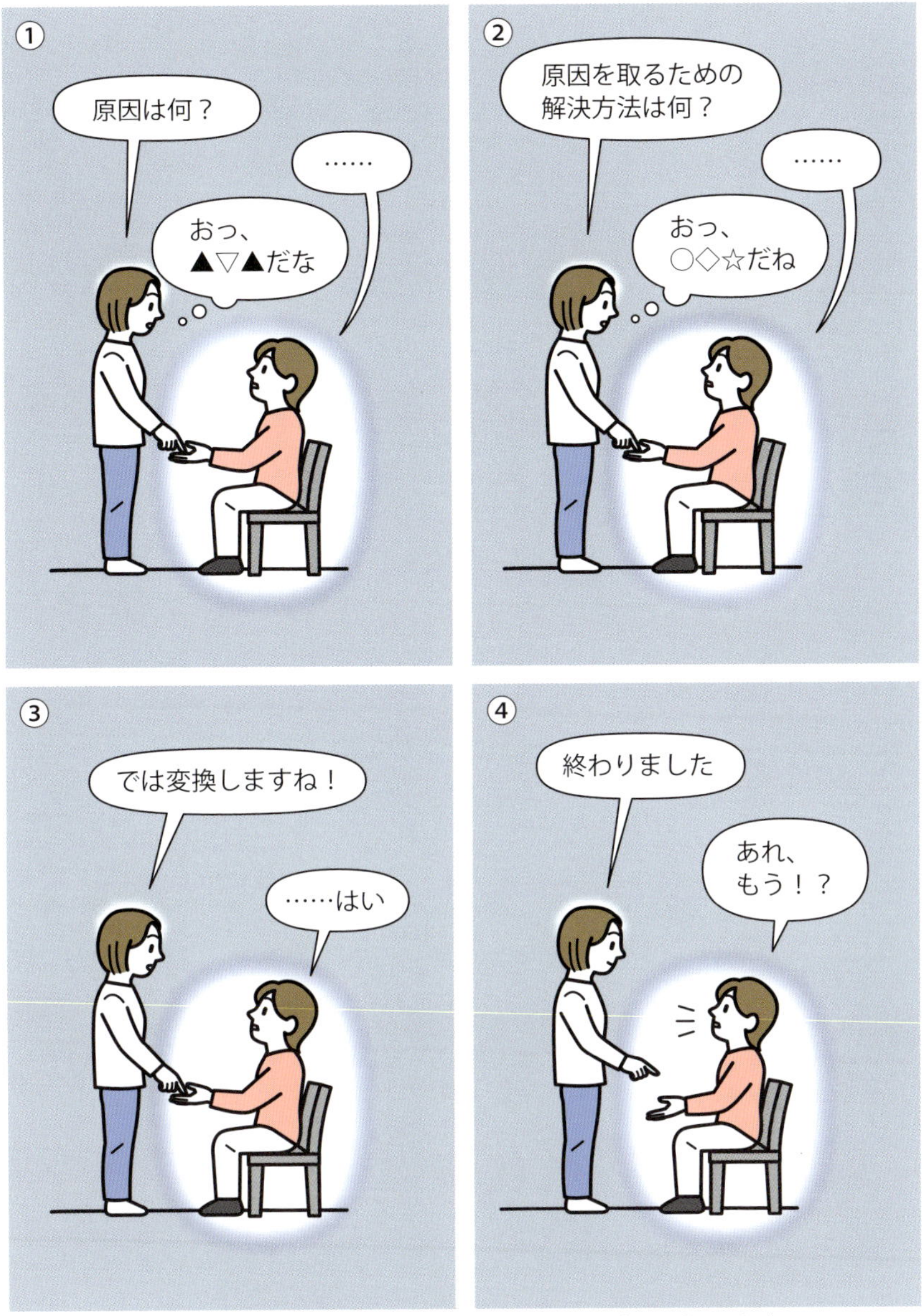

すべては宇宙根源のエネルギーを使って瞬間に行います

図5　エネルギーフィールドとの5秒間のやり取り

そこで、人生を思い通りにできない場合に、エネルギーフィールドに対し「原因は何?」と問いかけると、「原因はこれです」と潜在意識でブレーキになっている思いが何なのかを教えてくれるエネルギーが返ってきます。

次に、「その原因の解決法は?」と質問すると、その答えもまたエネルギーとして返ってきます。

ちょうどスポーツジムなどにあるスカッシュ(壁打ち)のようなやり取りです。

そこまでくれば、原因を取り、解決法を入れるという意識を持ちます。

宇宙根源のエネルギーとつながっていると、この一連のステップで潜在意識を変えられます。「原因は何?」で1秒、「その原因の解決法は?」で1秒、原因を取り去るのに1秒、解決法を入れるのに1秒、最後にひと息ついて1秒……合計で5秒のステップです。

イシリス33メソッド®ではこのステップにより、セッションを受ける相手の潜在意識に変化を起こします。相手が遠隔地にいる場合も効果は同じです。

これは自分自身に対しても行うことが可能で、その場合は「5秒意識変換瞑想法®」と呼んでいます。先ほども触れた通り、これは登録商標となっています。

見えない世界を〝見える化〟する筋肉反射テスト

潜在意識でブレーキとなっている思いやその解決法を、言葉として認識する必要はありません。言葉は顕在意識の働きであり、潜在意識を変えるのに直接役立つことはないからです。しかし、セッションを受ける人にはしっかり納得してもらいたいので、セッションのプロセスや効果を〝見える化〟する手段を導入しています。

見えない世界のことだからこそ、それを見える形で伝えることが大切です。また、〝見える化〟によりロジックやエビデンス（確固たる証拠）を客観的に示すこともできます。

イシリス33メソッド®における〝見える化〟には、筋肉反射テスト（キネシオロジー）を応用しています。

これは、体そのものに高感度のセンサーとしての働きがあることに着目した検査法です。脳の働きが筋力の変化に表れることを利用して、体に良いものとそうでないものを判別したり、質問に対する答えを引き出したりします。

具体的には、次のページの図6のように、セッションを受ける人に利き手ではない側の手の親指と薬指で輪っかを作ってもらい、セッションを行う側がそれを適切な力で開こうとします。開き方にはコツがありますが、少しの練習でできるようになります。

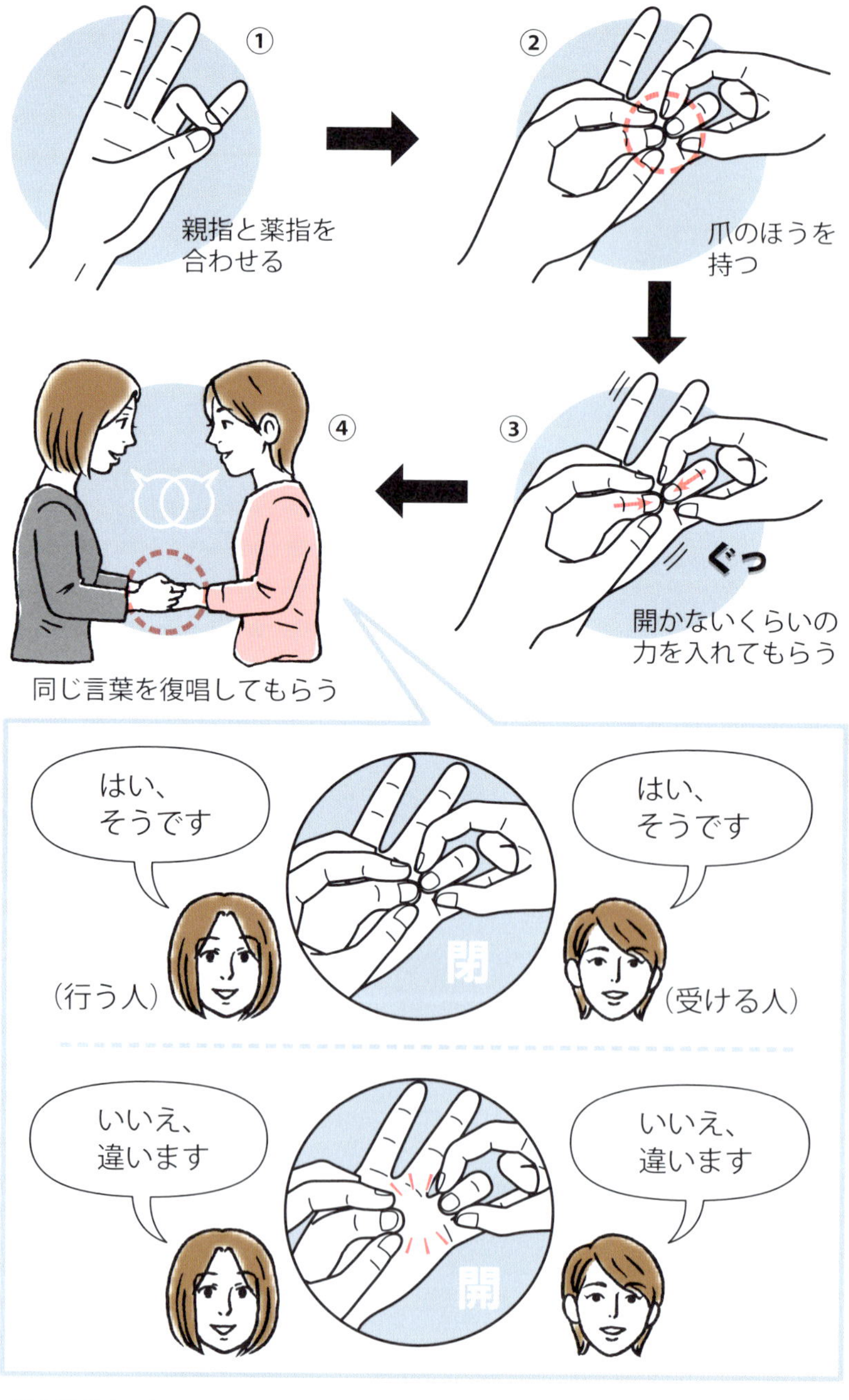
①
親指と薬指を
合わせる
②
爪のほうを
持つ
③
ぐっ
開かないくらいの
力を入れてもらう
④
同じ言葉を復唱してもらう
はい、
そうです
閉
はい、
そうです
（行う人）
（受ける人）
いいえ、
違います
開
いいえ、
違います

図６　筋肉反射テスト

この際、体に良いものだと筋肉にしっかり力が入って閉じたままとなり、その逆に悪いものだと力が抜けて開きます。また、質問への答えが「はい、そうです」なら閉じ、「いいえ、違います」なら開きます。

潜在意識のブレーキを徹底的に開放

筋肉反射テストで指が完全に閉じ切らない、あるいは完全に開き切らないこともあります。たとえば、「私は能力が上がらないと思っている」と口に出して言ってもらったときに、指が途中まで閉じたなら、おおよそはその通りだけど少し違っているということです。

Ｐａｒｔ２では、潜在意識の思いをベクトルにたとえました。

そのたとえで説明すると、筋肉反射テストで指が閉じ切らない、あるいは指が開き切らない場合は、質問のベクトルと潜在意識の思いのベクトルが少しズレているのです。

この場合、質問の方向性（ベクトル）を少しずつ変えていきます。

「私は能力が上がらないと思っている」で指が途中まで閉じるなら、今度は「私は能力を上げたくない」「私は能力を発揮できないと思っている」「私は能力を発揮したくないと思っている」というように少し違った方向性で聞いてテストしてみます。

すると、そのうちのどれかで完全に指が閉じるものがあるはずです。はっきりと「はい、そうです」という答えが返ってくるのです。

もし、「私は能力を発揮したくないと思っている」で完全に閉じたなら、潜在意識にあるその思いこそが、その人の能力発揮を妨げているブレーキになっています。

セッションでは、そこがはっきりした段階で宇宙根源のエネルギーによって潜在意識から原因を取り去り、解決法を入れます。

すると、潜在意識のブレーキは開放されて「私は能力を発揮したい」という思いに変換され、顕在意識の思いとベクトルを合わせてそれが実現へ向かいます。ブレーキが開放され、ようやくアクセルが機能しはじめるようなものです。

ただ、実際にはひとつのブレーキの開放で済むことはあまりありません。

今の例でいうと、「能力を発揮したくない」が「私は能力を発揮したい」に変換された後に、「では、能力を発揮できる?」と聞くと「いいえ、違います」と返ってくることがあるのです。

これは、多くの場合、ひとつのテーマにはブレーキが複数存在しているからです。筋肉反射テストでていねいに調べていくと、そのように開放すべきブレーキが〝芋づる式〟に出てくるので、そのすべてに対処していきます。

「能力を発揮したくない」という思いを開放しても、その他に「能力を発揮できない」「能力を発揮してはいけない」「能力を発揮しない」といった微妙に異なる思いがブレーキとして潜在意識に存在しているかもしれません。

どれも似ていますがベクトルがわずかに違うので、筋肉反射テストで特定してひとつずつ変換していきます。それにより、複雑にからみあった思いは解きほぐされ、顕在意識と潜在意識のベクトルが完全に一致した状態になります。

原則的には、相談内容に関係するすべてのブレーキを、1回のセッションの中で変換していきます。それは、顕在意識と潜在意識のベクトルが一致しきっていない中途半端な状態でセッションを終えてしまうと、良くなりかけたものが違う方向にそれてしまったり、思いが不安定にあちこちへ向かったりするからです。

「鉄は熱いうちに打て」と言うのと同じで、イシリス33メソッド®のセッションでは、確実な効果を得るため潜在意識のブレーキを徹底的に開放していきます。

高周波のエネルギーをチャージしたアロマ製品を活用

イシリス33メソッド®では、セッション後のセルフケアとして「イシリス高周波エネルギーチャージ®アロマ」や「イシリス高周波エネルギーチャージ®アロマパフューム」という独自のアロマ製品を活用します。

これは、エネルギーが高いほうから低いほうへ流れ込む原理を応用したものです。

これらの製品には高周波のエネルギーをチャージしているので、これを自身にプッシュ（噴霧）したり嗅いだりすると、香りを楽しめるだけでなくエネルギーを取り込むことができます。

香りの製品にすることを選んだのは、私がもともと薬剤師であり、公益社団法人日本アロマ環境協会のインストラクターでもあることに関係しています。

アロマには生薬に似た働きがあり、薬学の知識を通して理解しやすかったので、それぞれの香りの機能に合わせたエネルギーを私がチャージする形をとりました。

エネルギーをチャージするアロマ製品は、オーガニックでかつ無添加であることが条件です。そのほうがエネルギーが入りやすく、また余分なものを除去する手間がかからないからです。

高周波のエネルギーが入っているので筋肉反射テストで調べると、指にしっかり力が入ります。他のアロマ製品ではこうはいきません。

高周波の状態を補強して良い循環へ

では、どうして、イシリス33メソッド®のセッション時に、「イシリス高周波エネルギーチャージ®アロマ」や「イシリス高周波エネルギーチャージ®アロマパフューム」を使うのでしょうか？

セッション後のセルフケアと述べましたが、これらのアロマ製品を使わなくてもセッションの効果がなくなるわけではありません。

ただし、セッション後の高周波に引き上げられたエネルギーは、エネルギーが高いほうから低いほうへ流れ込む現象により、自分の周囲の人々へ次第に流れていきます。すると、エネルギーを失った分だけ自身の周波数は低下してしまうのです。

低下するといってもセッション前の水準に戻るだけですが、いったん高周波の状態を味わってしまったので、これまでがずいぶん〝低空飛行〟だったのだと自覚することでしょう。そして、またあの高みに昇りたいと切望するはずです。

そこで、もとの低空飛行に戻らないよう、セッション後のセルフケアとして高周波のエネルギーがチャージされたアロマ製品を活用するのです。これは、高周波に引き上げられた人を支える柱のように機能します。

もちろん、その柱からも低いほうへとエネルギーは流れていきます。しかし、毎日所定の回数アロマ製品のエネルギーを自身に取り込むことで、次第にスカスカになっていく柱をそのつど補強して強固なものに保つことができます。

このようにして高周波の状態を保っていると、周囲の人々まで高周波になってきたり、高周波な人を新たに引き寄せたりして、互いにエネルギーを高め合えるような良い循環に入っていきます。

なお、イシリス33メソッド®のセッションをまだ受けていない人であっても、「イシリス高周波エネルギーチャージ®アロマ」や「イシリス高周波エネルギーチャージ®アロマパフューム」は十分な効果を発揮します。事情があってセッションを受けられない人は、自分を少しでも高周波に保つため、これらのアロマ製品だけでも使ってみることをお勧めします。

製品についてはPart5で詳しく説明しましょう。

数回のセッションを要するケースもある

私の場合、イシリス33メソッド®のセッションは1回1時間かけて行っています。しかし、「20分で」「10分で」と求められれば、それに合わせられます。潜在意識にあるブレーキをひとつ変換するだけなら1~2分でも十分です。

ただし、先に説明したように、潜在意識のブレーキを芋づる式に探ってすべて変換したほうが確実な効果を得られるので、そうした場合は30分ほどかかります。また、ていねいに説明しながらセッションを進め、アロマ製品のこともお伝えすると合計で1時間ほどになります。

ひとつの相談内容につき原則的には1回のセッションで十分ですが、家族関係の相談の場合、1回では難しいこともあります。それは、家族は過去生でも家族であったことが多く、何度も転生していく中で同じような問題を繰り返しているケースがあるからです。その場合、潜在意識に蓄積した感情も非常に根深くなっています。

たまに、これといった理由がないのに、なぜか子どものころから親が憎いとか、親が苦手で距離を置いているという方がいます。これは、その相手と過去生で何度も同じ家族として生まれ、そのつど対立してきたからです。

こうしたケースでは1回のセッションでは難しいことがあるので、間を空けて様子を見ながら数回セッションを繰り返します。

ケースバイケースで変わるセッション内容

私が行っているセッションではまず、その方の相談内容に耳を傾け、どこに問題の核があるのかを探ります。

その際、問題の内容によっては潜在意識のブレーキを開放する前に、「イシリス高周波エネルギーチャージ®アロマパフューム」などを使うこともあります。

たとえば、能力を発揮したい人であれば、まず「能力アップ ABILITY UP」という名のパフュームをその方にプッシュして、そのエネルギーを取り入れてもらいます。すると、能力に関するモヤモヤとしたエネルギーが全部すっきりしてしまうので、そこから筋肉反射テストを用いて本格的に潜在意識を探りはじめます。

能力を発揮できない人は、変化を受け入れることや行動力、そして素直さにもブレーキがかかっていることが多いので、そちらも筋肉反射テストで調べてブレーキ開放を行います。そのようにして、潜在意識から芋づる式に出てきたブレーキを全部外していくのです。

「イシリス高周波エネルギーチャージ®アロマ」では、〝能力〟のエネルギーは「クラリセージ」に、〝変化力〟のエネルギーは「ユーカリ」に、〝行動力〟のエネルギーは「レモングラス」に、〝素直〟のエネルギーは「パルマローザ」にそれぞれチャージしています。

この4種は「能力アップABILITY UP」にブレンドされているので、この例では最初にプッシュしています。また、セッション後のセルフケアにもこれをお勧めすることになります。

具体的には、その場でパフュームにチャージされたエネルギーの取り込み方を教えて体験してもらい、セッションを終えます。

事例 0円だった保険金が250万円に

お金に関するセッション事例を紹介しましょう。

KさんとRさんは2人で交通事故に遭い、Kさんは肋骨を折るケガを、Rさんは背骨を折る大ケガをしてしまいました。

2人の体には後遺症が残り、Rさんは後遺障害の保険金として200万円を受け取ります。しかし、同じく後遺症があるKさんには保険金が支払われず、3人ほどの弁護士に相談するも「保険金が下りる可能性はない」と断られてしまったそうです。

このRさんはちょうどイシリス33メソッド®を学んだばかりだったので、紹介を受けた私がこのことに関してKさんのセッションを行う流れとなりました。

セッションでは、「保険金が下りない」という思い込みが潜在意識にブレーキとして存在していることがわかったので、それを開放しました。その結果、保険会社との再度の話し合いのあと保険金100万円の支払いが決定したそうです。

加えて、Kさんの潜在意識にあるお金に関するネガティブな思いを、Rさんがさらに開放していったところ、1週間ほどして保険会社から再度連絡があり、保険金が250万円に増額されたことが伝えられました。

なお、Rさんはこのころ、イシリス33メソッド®で自身の潜在意識にある「お金は働かないと手に入らない」という思いを開放していたそうです。これも、Rさんのスムーズな保険金の支払いにつながったものと思われます。

事例 潜在意識の「結婚したくない」を開放したとたんプロポーズされた

恋愛や結婚で問題を抱えている相手とは、過去生でも同じような関係を繰り返している場合があるので、やはりイシリス33メソッド®による潜在意識へのアプローチが非常に効果的です。

40代も間近に迫った女性、Hさんが「なぜか結婚できない」という相談でセッションを受けにきたことがあります。

潜在意識を筋肉反射テストで調べると、「結婚したくない」「結婚してはいけない」という思いがあることがわかりました。本人は顕在意識で「結婚したい」と思っていても、潜在意識はそれに対し強固にブレーキをかけていたのです。

1％の顕在意識の「結婚したい」と、99％の潜在意識の「結婚したくない」では、前者の思いがかなうことはありません。

過去生でのうまくいかなかった結婚生活の体験から、「二度と結婚したくない」という思いを潜在意識に持っているケースは決して少なくないのです。

Hさんのケースでは、イシリス33メソッド®でその潜在意識を変換したことで1週間後にプロポーズされました。

アカシックレコードと松果体

アロマやパフュームなどをほとんど使わず、潜在意識へのアプローチだけでセッションを行うケースもあります。それは、過去生の記憶をお伝えして、本人もよく納得しながら進めていくパターンのときです。

セッションを受ける方が、「こういう問題が起きる理由を知りたい」「過去生の原因を教えてほしい」と希望するケースや、家族関係の問題など過去生が深く関与しているケースで、そういうやり方をとることがあります。

この場合、私はアカシックレコードを読み取り、相談内容に関係しているその方の過去生をひも解いていきます。そうすると、自分の潜在意識に存在していた人生のシナリオが見えてくるので、本人としても非常に納得がいくようです。

アカシックレコードを読み取るには松果体を活性化する必要があります。

人間の松果体は右脳と左脳の間、脳の真ん中にあるグリーンピースほどの大きさの内分泌器官であり、松ぼっくりのような形をしているので「松果体」と呼ばれます。

松果体は、睡眠ホルモンであるメラトニンを分泌し、概日リズム（体内時計）を制御します。また、アルツハイマー病など認知症の発症にも関与しているそうです。

分泌されるメラトニンの量は目に入る太陽の光の量で決まります。これは、多くの動物において松果体が、光を感じる〝第3の目〟として機能していることに関係しています。

人間の松果体について、インドのヨガでは眉間にある神秘的な第3の目と関連づけています。また哲学者デカルトは、松果体を物質と精神という二元性をつなぐ重要な場所と考え、「魂のありか」として研究していました。

ただ残念ながら、人間の松果体は思春期以降に小さくなっていき、やがて石灰化が進みます。そこで、アカシックレコードを読み取るには、この松果体の石灰化を食い止めて再び活性化しなければなりません。

松果体を活性化すると第3の目が開き、五感だけでなく第六感も含むすべての感覚が鋭くなります。視野が宇宙意識へと広がっていくのです。

潜在意識は地球におけるアカシックレコードといえますが、宇宙意識に広がっていくと宇宙のアカシックレコードが見えてきます。松果体が活性化されるとそこまでいくことが可能です。

オーストラリアのアボリジニや北米のネイティブ・アメリカンといった、自然と調和して生きる人々の中には松果体が大きく発達した人が多くいます。

彼らは知り合いと会いたいときには、特に待ち合わせをしなくても直感に従って歩いていけば会えるそうです。また、いわゆるテレパシーのようなことも当たり前のようにできます。

松果体が健全な機能を有していることは、睡眠の問題の解消だけでなく、心理的な成長やハイレベルの行動力、そして精神的な覚醒にとっても非常に重要です。

イシリス33メソッド®の講座では、宇宙根源のエネルギーの伝授が第3の目に対して行われ、それにより松果体も活性化します。また、それとは別に松果体を活性化する方法も伝えています。

その他、石灰化の原因となる有害な添加物や化学物質を除去する方法や、松果体にいい食べ物や音楽、誰にでもできる松果体の石灰化を防ぐクリーニング法などのノウハウも教えています。

それだけですぐ、私のようにアカシックレコードを読み取れるわけではありません。しかし、視野が宇宙意識へと広がりはじめると、物事を大局的かつ総合的に見通せるようになっていき、やがてアカシックレコードにもつながることができます。

イシリス33メソッド®の各講座について

イシリス33メソッド®の養成講座は「基礎コース」から始まります。

まず「基礎1」では、自分で自分の潜在意識を変えられるようになり1日間の受講となります。

次の段階である「基礎2」では、自分だけでなく相手の潜在意識も変えられるようになる講座で、2日間の受講となります。そして、

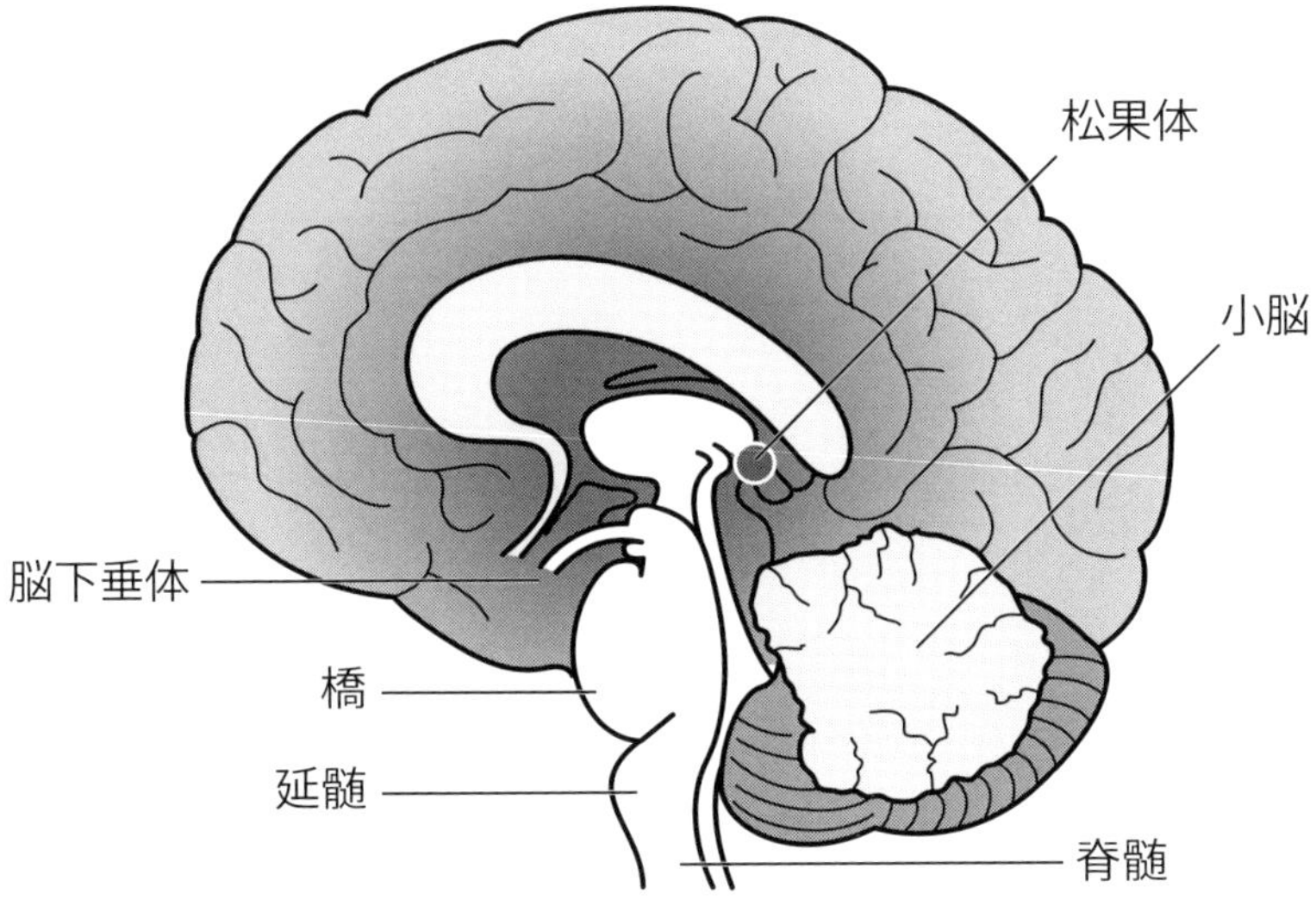

図7　松果体の位置

「エネルギーレクチャー講座」では「基礎1」「基礎2」の両方の内容を一度に受講します。

いずれも、1日5時間の受講となり、「基礎2」あるいは、「エネルギーレクチャー講座」を修了すると、イシリス33メソッド®のプラクティショナーとしての認定書が発行されます。

プラクティショナーになると自分の悩みを解決できる他、対面あるいは遠隔でのセッション、ヒーリング、水や食品の添加物の浄化、土地・空間の浄化を行えます。

この養成講座卒業後もフォローアップ講座などサポート体制が充実しているので、どなたでも安心して受講していただけるはずです。

また、その先のステップにあたる中級コースとして、「イシリスティーチャー養成講座」があります。これは、養成講座を指導できる資格を得るものであり、宇宙根源のエネルギーを伝授する能力そのものを私が伝授します。

これまで養成講座を受けた方は約1000名以上。ティーチャーの資格まで取った方はこの本の執筆時点で160名ほどいらっしゃいます。

次のPartでは、私が宇宙根源のエネルギーに目覚め、イシリス33メソッド®を開発するに至った経緯を紹介しましょう。

Part 4

私の過去生が導いた「魂の覚醒」

「魂の覚醒」から医療の道へ

イシリス33メソッド®をより深く理解するための参考として、私が宇宙根源のエネルギーにつながった経緯について振り返ってみましょう。

私は小学2年生のころ、「大人になったら何になりたいの？」と聞かれると、「魂の覚醒をやりたい」「宇宙恒久平和をやりたい」と答えていました。当然、「それは何？」と聞かれましたが、それ以外に言いようがありませんでした。

自分ではそのビジョンが見えていたのでイメージとしては理解していましたが、小学2年生ではまだ多くの言葉を知らないので、「魂の覚醒」「宇宙恒久平和」としか表現できなかったのです。

その後、小学4年生のときに私は医療の道を志すことになります。きっかけは、私の父の車が居眠り運転のトラックに追突され大破したことでした。

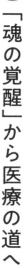

車は悲惨な状態で、父は即死でもおかしくない状況。意識不明の父に対して何もできない自身の無力さを子ども心に痛感しました。

ありがたいことに、病院の医師や看護師の尽力により一命は取り止め、テキパキと父の処置を行う彼らの力強さに、感謝すると同時に強い憧れを抱きました。そして、将来は人の役に立つため、医師か薬剤師になりたいと思うようになったのです。

薬学部での衝撃的な出来事

後にその願いはかない、薬科大学の薬学部へ進学します。講義、実験、レポート、そして国家試験へ向けた試験勉強……と忙しい日々を過ごす中、最も印象に残っている出来事があります。それは、大学4年生のときの授業の一場面です。「薬とは何ぞや」という問いに対し、教授が「異物」と板書したのです。これには、しばらく頭が真っ白になるほどの衝撃を受けました。

薬には、効果効能の一方で副作用が付きものであると頭では理解していました。その上で、副作用があってもなお、病気で困っている人に手を差し伸べて喜んでもらえるのが、医療や薬であるとそれまでは確信していたのです。

そんな私にとって「薬＝異物」というのは非常にショックな教えでした。もちろん、教授の言うことは間違っていません。特定の成分を化学的に作り出したものが薬であり、それを体に入れるのですから、まさしく「異物」です。

ただ、「異物」とはっきり言われると、「はたしてそれを体に入れていいのか」と複雑な思いになってしまいました。

副作用を患者さんに説明して十分理解してもらえばいいという考え方もありますが、実際には恐がらせないように配慮して詳しい説明をしないこともあります。

当時、国家試験まで1年もないというのに、私の脳裏では「異物」という言葉がいつもぐるぐる回り、小学4年生から持ち続けた「人の役に立つ仕事をしたい」という決意が大きく揺らいでいました。

潜在意識と宇宙への関心

結果的に私は国家試験に合格し薬剤師になる道を選びました。薬のメリットだけでなく問題点も客観的にとらえて指導できるようになりたいと考えたのです。

卒業後は製薬会社の研究室に入りましたが、一方で、西洋医学だけに頼らない統合医療、代替医療、東洋医学などにも関心を持って学びはじめました。特に人間の感情と脳、心と体の関係がどうなっているのかに意識を向けるようになります。

その探究をしていく中で私が疑問に思ったのが、脳と心と体は三位一体であるはずなのに、悲しくないのに涙が出てきたり、怒りや悔しさの感情が脈絡なくあふれてきたりするのはなぜかということです。

その疑問を発端として、どうやら人間には自分の意識ではとらえきれない潜在意識があり、それが実生活に影響を及ぼしていること、さらには人間の目にはとらえられない世界があることがわかってきました。

実は、その前の大学在学中から、解剖実習などを通して生命の神秘に触れたことで、「誰がどうやって人体のプログラムを作ったのか」と不思議に思っていました。そこから発展して、医学だけでなく宇宙への関心も持つようになっていたのです。

突然現れた過去生のビジョン

そのころ、ある勉強会に参加したときに、見知らぬ女性から「あなたの背中には羽根が生えている」と言われました。羽根の形状まで具体的に説明されましたが、そんなことを言われても当時の私は怪訝な顔になるしかありません。

その後、他の勉強会でもその方に偶然会い、さまざまな不思議な話を教えてくれました。彼女いわく、過去生の記憶を持ったまま自分は生まれており、私を導いてくれるとのことです。

正直なところ、話半分に聞いていましたが、その1週間後に神社でお参りをしていたとき、神さまのエネルギーの気配を感じる体験がありました。

さらに、友人の悩み事に耳を傾けているときに、その人の周囲に二重、三重に広がるオーラの場が見え、そこに過去生のビジョンが浮かんできたのです。友人の悩みはお金に関することでしたが、その人は過去生で周りの人をお金で苦しめていました。

友人にそれを伝えようとしたとき、上のほうから降りてくる目に見えない存在の気配が「伝えなくていい、気づかせなさい」というメッセージのように感じたのです。言葉そのものが聞こえるのではなく、エネルギーが言葉に変換される感覚です。

「伝えなくていい、気づかせなさい」というメッセージは、このとき以外にも何度か受け取りました。人は生きていく中で必要な学びをするので、その人の代わりに問題を解決してしまってはいけないということのようです。

不思議な人々と次々に出会う

大学時代にはそうした体験の他、超能力者やヒーラー、チャネラーといった人々からのお誘いもありましたが積極的には関わっていません。それは、学業に励み国家試験の合格へ向けて集中したかったからです。

しかし、社会人になってからは、哲学や心理学、スピリチュアルな分野の本を数多く読み、また、いろいろな不思議な出会いもありました。

次第に私は、人生で体験することには過去生での経験や感情の記憶が反映されていると理解するようになります。顕在意識は覚えていなくても、確かに影響があると思えたのです。

そんな中、信頼している友人の一人から、プレアデス星団からのメッセージを降ろしているという方の会合に誘われ、参加してみることにしました。

そこには、天使界からの生まれ変わりの方も来るというので、大学生のときに教えられた私の〝背中の羽根〟について聞いてみようと思ったのです。

会合で羽根について聞いてみると、当たり前のように「羽根、ありますよ！」と即答。横にいた方からも「本当にきれいな羽根ですね」と言われました。これには本当に驚いたものです。

さらに、私の過去生やヒーラーとしての天命についても教えていただきました。この方とは別の会合でも再会し、ヒーラーに必要なエネルギーがチャージされた音楽を、私だけ特別に聴かせてくれたこともあります。

特別扱いの理由は、その方と私が出会うことは〝上〟との約束として決まっており、必然のことであったからと後から説明されました。

その他、私は『水からの伝言』（波動教育社）を著した江本勝氏のもとで、波動を数値化して測定するＭＲＡ（磁場共鳴分析器）のインストラクター資格も取得しています。

その学びの中で、すべてのものに波動（周波数）があり、エネルギーとして相互に作用し合っていることを私は理解しました。この経験もまた現在の活動につながっています。

宇宙根源のエネルギーとつながった瞬間

あらゆる出会いが私をヒーリングやエネルギー、過去生の探求へと導いていき、そこで学んだことが現在のイシリス33メソッド®へとつながっています。

しかし、ある決定的な出来事が起こらなければ、イシリス33メソッド®は誕生しなかったでしょう。

このメソッドが誕生する少し前、私は〝上〟の存在から受け取った情報を形にした「イシリス（Isiris）」というマークをデザインしました。無限大マークを4つ重ねて8方向に伸ばしたマークの中心に「エネルギーをチャージするように」とメッセージを受け取ったのです。2ページをご覧ください。

これは、宇宙の根源からくるエネルギーを受け取る型ですが、それだけでは効力は十分ではありません。そこで、メッセージどおりに私はそこへエネルギーをチャージしました。

それまでもヒーリングなどでエネルギーをチャージすることには慣れていましたが、そのときのエネルギーは格段に強いもので、爆発音に近い音がした感覚に私自身が大変驚いたものです。

そして、創造主のエネルギーが入ったと直観しました。ただ、こんなことは誰にも言えません。理解してもらえるとは思えなかったのです。自分でも「創造主だなんて、まさかね……」と思い、黙っていました。

ちょうどそのころ、この銀河系のコマンド(司令官)である11次元存在、アシュタールからメッセージを受けているというテリー・サイモンさんという女性に出会います。

アシュタールからメッセージを受けている人は実はたくさんいて、私はそのうちの一人と話をしたことがあります。そこで、来日したテリーさんのセッションを知人から勧められたときも、「アシュタールならもう知ってるからいいかな」と最初は思いました。

しかし、その知人が「絶対に行ってください」と言うので、考えを変えてセッションを受けてみることにしたのです。私が〝創造主のエネルギー〟と感じたものが何なのか、わかるかもしれない。そんな期待感があったかもしれません。

テリーさんは完全に顕在意識をなくすフルトランス状態でアシュタールにつながります。つながる前は「ハーイ!」とあいさつしてくれるような明るい方なのですが、いったんアシュタールにつながると、低音の効いた男性的な話し方に変わります。

そのフルトランス状態のテリーさん、つまりアシュタールは私に「祝福だ!」「あなたに会えたことはすごく光栄だ! 光栄だ! 光栄だ!」と言いました。

さらに、「あなたは宇宙根源のエネルギー(Universal Source Energy)を、自身の体を通して取り入れ、そして地球にその宇宙エネルギーを送って癒している」とも言います。創造主のエネルギーが入ったと直観したのは、やはり正しかったのです。

「アシュタール」が語った私の過去生

さらに、アシュタールは息もつけないほどの勢いで私の使命を語っていきました。

「あなたがヒーリングするたびに、セントジャーメインの紫色の癒しのエネルギーがその人の中に入り、そして地球の中にも浸透していく」

聖者の中でも特に優れた存在は死後も地球と人類を導いているといわれており、そういう存在を「アセンデッドマスター」と呼びます。セントジャーメインは、そんなアセンデッドマスターの一人です。

さらにアシュタールは、「あなたは過去生でプレアデスにいた。あなたはそこで殿堂入りのヒーラーであり、たくさんの生徒がいた」とも言いました。

その私が地球に生まれたのは、これから地球では海がにごり、空は黄色く曇って太陽は見えなくなっていき、植物はすべて枯れるような状況になるからです。そのように良くない状況になっていくこの星をサポートする〝スターシード＝宇宙からの種〟として働くため、私は地球に生まれたのだそうです。

「しかるべきときが来たら、あなたにそれを伝えることになっていた」と言うので、アシュタールと一緒に働くことになるのか聞くと、「私とも仕事をするが、あなたは宇宙で仕事をするのだ」という答えでした。

私が小学2年生のころから「魂の覚醒」「宇宙恒久平和」を掲げていたのも、こうした過去生の影響と考えれば腑に落ちます。

この少し前には、世界的に有名なアカシックレコード読み取りの権威であるゲリー・ボーネルさんからも、私の過去生は地球や宇宙におけるヒーラーでありエデュケーター（教育者）であったと聞いており、パズルのピースがはまっていくようにすべてが符合していきました。

「イシリス33メソッド®」の名称の意味は？

こうした体験を積み重ねた私はいつしか、宇宙根源のエネルギーを誰もが活用できるよう、人に伝授していくことを決意していました。

私たちの潜在意識にある「できない」を「できる」に変換して本来の能力を発揮し、真に自分らしく生きるには、宇宙根源のエネルギーを活用するのが最も近道であるからです。

さらには、宇宙根源のエネルギーにつながる人が増えれば増えるほど、私たちが生きるこのかけがえのない地球をサポートすることができます。それは、宇宙根源のエネルギーは空間や土地の浄化もできるからです。

「イシリス33メソッド®」という名称には、地球と人類を導くアセンデッドマスターへの思いを込めています。

まずは「イシリス」の説明からしましょう。

イシリスの「イシ」とは、意志、意識、意図です。

「リ」とは、回転するエネルギー、リターンする、戻る、変換するなどの意味を持ちます。

「ス」とは、統べる、統合する、まとめるなどの意味です。

自分の意識を変換させて、自分を統合し、もともとの本質に戻りましょう、ということなのです。それぞれの人が、本来の自分が持っている能力や特質、その人の魂そのものに気づいて、元どおりに帰還していくことを指します。

そして「33」というのは最大化する、一番いい数字といわれています。

つまり、自分の持っている能力を統合して、最大化するメソッドなのです。

次のＰａｒｔでは、「イシリス高周波エネルギーチャージ®アロマパフューム」6種のそれぞれにチャージされているエネルギーの解説を通して、潜在意識への理解をさらに深めていきましょう。また、利用者の使用事例についても紹介します。

Part 5

香りに込めた
潜在意識改善プログラム

宇宙根源のエネルギーから特定の性質を抽出

ここでは、17種類の「イシリス高周波エネルギーチャージ®アロマ」（以下、アロマ）と、それらをブレンドした6種類の「イシリス高周波エネルギーチャージ®アロマパフューム」（以下、パフューム）について説明しましょう。

まず、各アロマには宇宙根源のエネルギーから〝特定の性質のエネルギー〟を抽出しチャージしています。たとえば、クラリセージのアロマには〝能力〟のエネルギーが、レモングラスのアロマには〝行動力〟のエネルギーがチャージされているのです。

もともとアロマは香り成分の原料となっている植物に由来する作用を持つので、その作

名前	エネルギー	名前	エネルギー
イランイラン	女性性	フランキンセンス	感　謝
ローズゼラニウム	愛	クラリセージ	能　力
ティートゥリー	浄　化	レモングラス	行動力
ペパーミント	クリアニング	ユーカリ	変化力
オレンジスイート	元気・活力	パルマローザ	素　直
グレープフルーツ	パワー	マンダリン	癒　し
ラベンダー	シールド	プチグレン	すこやか
ジュニパーベリー	調　和	ベルガモット	満つる（至福）
ローズマリー	覚　醒		

図8　イシリス高周波エネルギーチャージ®アロマ

用に合わせたエネルギーを私がチャージしています。
アロマごとに効果の異なる、潜在意識改善プログラムが入っていると考えてもいいでしょう。
参考までに、各アロマにチャージされているエネルギーを図8にまとめました。

パフュームは複数のアロマをブレンド

一方、パフュームは複数のアロマをブレンドして特定の効果を得られるよう工夫されています。

たとえば、「能力アップ ABILITY UP」のパフュームには、クラリセージ、レモングラス、ユーカリ、パルマローザという4種のアロマがブレンドされており、さらに「能力アップ」というエネルギーをブレンド後にチャージしています。これにより、その人の潜在能力が強力に引き出され、能力発揮に必要な人や環境が引き寄せられるのです。

ただし、基本的にはイシリス33メソッド®のセッションを受けた上で、高く引き上げられた周波数を維持するために、セッションの中で指定されたアロマやパフュームを使うことが推奨されます。

それは、潜在意識のブレーキが開放されないまま周波数を上げても、根本からの解決にはならないからです。

しかし、何らかの理由でセッションを受けることが困難で、商品だけ購入して使いたいというケースもあるでしょう。また、イシリス33メソッド®に関心のない家族に使いたいケースもあるはずです。

その場合、種類が多いアロマはどれを使っていいのかわからないでしょうから、パフュームを選ぶことをお勧めします。

パフュームには「能力アップ ABILITY UP」の他、「豊かさ GET RICH」「すこやか HEALTHY」「ストレス解消 STRESS FREE」「人間関係 PARTNERSHIP」「やすらぎ HEALING」があり、そこから自分に必要そうなものを選ぶことになります。

香りに込めたエネルギーを効果的に取り込む方法

パフュームは自分や周囲にスプレーして香らせるだけでも十分ですが、次のような方法で意識的に取り込むとより効果的です。やり方は、イシリス33メソッド®のセッションの中で伝えていますが、ここでも簡単に紹介しておきましょう。

まず、自分の周りに香らせるようにパフュームを3回プッシュ（噴霧）します。そして、体の周囲まで広がっている自分のエネルギーフィールドの中にその香りが入っていくとイメージします。

入ったなと思ったら、今度は自分のエネルギーフィールドが広がっていくとイメージします。どこまでも大きく大きく広げていき、目線を上に上げ、大きくなったエネルギーフィールドをマクロな視野で見ているようにイメージします。

大きさをイメージできなくてもいいので、宇宙大に広がっていくという気持ちでやるといいでしょう。

そのような〝大きな自分〟になると、視野が広くなって物事を総合的に見ることができます。これは高いところから俯瞰《ふかん》するようなもので、小さなことにとらわれたり、狭い価値観で判断したりしない意識です。

そうしたら次は視野をミクロへと向けます。自分の体を意識して60兆個ともいわれる細胞すべてにエネルギーが浸透していくというイメージを持つことで、3次元の肉体にも高い周波数のエネルギーが入ります。つまり、高い周波数の体に作り変えられるのです。

これを、朝・昼・晩と寝る前の1日4回行うことで、高い周波数の状態が規定値になっていきます。

「能力アップABILITY UP」――能力を引き出し行動に移す

では、6種のパフュームを順に解説していきましょう。

まず「能力アップ ABILITY UP」です。これには、「クラリセージ 能力」「レモングラス 行動力」「ユーカリ 変化力」「パルマローザ 素直」のエネルギーがチャージされています。

どうして、このブレンドになっているのか？

それは、能力を引き出しても行動しなければ何も結果が出ないからです。能力はあるのに行動力がなく、せっかくの能力が〝宝の持ち腐れ〟になっている人はたくさんいます。

「ユーカリ 変化力」を加えているのは、顕在意識で「変わりたい」と言っていても、潜在意識では変化を恐れている人が多いからです。たとえ現状に満足していなくても、「未知へと踏み出すよりは、今のままで変化しないほうが安全だ」という思いが人類の集合的無意識に深く刻まれているのです。

しかし、変化を恐れていてはそれがブレーキとなって能力を存分に発揮できません。だから、「ユーカリ 変化力」がブレンドされています。

さらに、自身の能力と行動力、それによる変化を、自分のものとして素直に受け入れる姿勢が必要なので、「パルマローザ 素直」も加えています。

せっかく、高い能力を持っていても、それを素直に認めない人は少なくありません。謙遜《けんそん》ともいえますが、それが行き過ぎるとせっかくの能力が活きてきません。

そこで、能力を発揮できたときに、それを素直に認められるよう「パルマローザ 素直」も必要なのです。

そして、より強力に作用するように、ブレンドしたところへさらに「能力アップ」というエネルギーをチャージしています。

事例 「能力アップ ABILITY UP」で営業成績が全国1位に

都市銀行系証券会社に勤務する40代女性のケースです。

この方は1か月1億7000万円の販売ノルマを課せられていました。

当時のこの方にとって高いハードルでしたが、相談時にちょうどパフューム が販売開始されたので、それをお勧めしたところ6種類をすべて購入。

「能力アップ ABILITY UP」と「豊かさ GET RICH」をメインに使っていったところ、2か月後には「月に4億3000万円を売り上げました」と報告がありました。同社の営業マンの中で全国1位だったそうです。

もともとガッツのあるビジネスウーマンという感じの方でしたが、パフュームがその能力をさらに引き出した結果といえるでしょう。

それ以来、彼女は「もうパフュームを手離せない」と言うようになりました。

営業に出るときにはまず「人間関係 PARTNERSHIP」をプッシュ。資産家への営業に必要な宅地建物取引士の試験を受けたときには、「能力アップ ABILITY UP」をプッシュして臨んだそうです。

以前は、ストレスを溜めながら頑張ってもなかなか一番になれず、悔しくて壁に物を投げつけたこともあるという彼女。しかし今は、「もう本当、これ（パフューム）やってからすごいです、私」と喜びの笑顔を見せています。

事例 「能力アップ ABILITY UP」で仕事が円滑に

50代女性のケースです。

この方は「能力アップ ABILITY UP」を職場に置いてあり、重要案件で取引先に電話をかけるときや、上司に新しい企画の提案をする前に使用しています。

「大丈夫、きっとうまくいく！」と自分に言い聞かせながら、体全体を覆うようにプッシュしてから話をすると、必要以上に萎縮することなく、力むこともなく落ち着いて用件を伝えられるとのこと。電話や企画提案における目的も達成できているそうです。

事例 「能力アップ ABILITY UP」でフットワーク向上

30歳女性のケースです。

この方はフルタイムで働くようになってから、それまで熱心に取り組んできた趣味の絵を描く時間がなくなり、絵を描く喜びを得られなくなったことを悩んでいました。

ところが、イシリス33メソッド®を学び、「能力アップ ABILITY UP」を使用したところ、それまではなかなか手を付けられなかった日常生活での料理や掃除に、思い立ったらすぐに取り組むようになりました。フットワークが軽くなったと実感しているそうです。

結果的に、絵を描く時間を週に数時間持てるようになり、それらの変化によって気持ちも前向きになっています。

事例 「能力アップ ABILITY UP」はスポーツ・趣味にも効果的

「能力アップ ABILITY UP」はスポーツや趣味の能力も向上させます。

ある40代女性は、取引先とのゴルフコンペに参加する夫に「能力アップ ABILITY UP」を使った結果を報告してくれました。

仕事が多忙でまったくゴルフの練習ができなかったという夫。もともとゴルフが苦手なこともあり、参加前にため息をついていたので、「能力アップ ABILITY UP」をプッシュしてコンペに送り出しました。すると、驚いたことに夫はコンペで優勝して帰ってきたのです。

また、この女性は趣味でフラメンコギターを習っており、そこでも「能力アップ ABILITY

UP」を活用しているとのこと。

プッシュしてから練習すると、楽譜を見ながらひと通り演奏できるところまで練習する〝譜読み〟の段階が、非常に早く仕上がることを実感したそうです。

ギターはほぼ初心者であるにもかかわらず、指導の先生から「来年はフラメンコダンスの伴奏ができそうだね」と高く評価されたことを報告してくれました。

「豊かさ GET RICH」――3つの豊かさを満たす

「能力アップ ABILITY UP」と並んで経営者に人気なのが「豊かさ GET RICH」です。

ただし、ここでいう「豊かさ」とは、お金のことだけでなく心の豊かさと人脈の豊かさも含みます。この3つのいずれか、あるいはすべてを欲しい方に、私は「豊かさ GET RICH」をお勧めしています。

まず、お金について。

経済的な豊かさはほとんど誰もが求めているものですが、潜在意識でお金を稼いだり受け取ったりすることにブレーキをかけているケースが多く見られます。こういう人の多くは、過去生でお金に関連して他者を苦しめた経験を持っています。

次に心の豊かさについて。

私の考える心の豊かさとは「足るを知る」ことです。「今、十分幸せだ」という思いを持てることが心の豊かさです。

これは結局のところ、経済的な豊かさにもつながってきます。同じ周波数の物事が引き寄せられるという法則で考えるなら、「足りている」「十分幸せだ」という思いは、それに見合った経済的な豊かさも引き寄せるからです。

心の豊かさの逆は、「貪《むさぼ》る」という状態です。貪りの思いでいる人はそれに見合った物事を引き寄せ、経済的に転落していきます。

最後に人脈の豊かさについて。

「人財」という言葉が示すように人脈は財産です。豊かな人財に恵まれていれば、経済的に困ることはまずあり得ません。

お金に関する潜在意識の罪悪感をリセットする

「豊かさ GET RICH」には、「能力アップ ABILITY UP」と同じく、「クラリセージ 能力」「レモングラス 行動力」「ユーカリ 変化力」がブレンドされています。それは、実質的には〝お金＝能力〟であるからです。

加えて、「ペパーミント クリアニング」もブレンドされています。

クリアニングとはクリアにする、リセットするということです。リセットするのは、お金を稼いだり受け取ったりすることに対する潜在意識のブレーキです。

たとえば、30万円の仕事をして代金をもらうときに、ふっと「もっと安くてもよかったかな」と思ってしまう人が結構います。または、見積もりの段階で本当は30万円欲しいけれど、ためらいが生じて、少し安くした金額を相手に伝えてしまう人もいます。

つまり、いざお金のやり取りとなるとブレーキがかかり、適正な金額を率直に要求できないのです。

それは、過去生で人のお金を奪うような行為をしてしまった経験がブレーキになっています。過去生でお金のやり取りをした相手と、今回の人生でも同様にお金のやり取りをするケースがあります。その際、過去生においてお金のことで苦しめた相手であれば、「こんなに受け取っていいのかな」という罪悪感が潜在意識に生じ、それが適正な金額を請求することへのブレーキとして働きます。

あるコンサルタントの方は、請求書の発行をしばしば忘れる癖がありました。そこで、よく話を聞いてみると、仕事の対価を請求する際にふっと「もらっていいのかな?」という思いがよぎるというのです。これはまさに、過去生に由来するお金に対する罪悪感です。

その潜在意識の思いをリセットして「受け取っていい」に変換するために、「豊かさ GET RICH」には「ペパーミント クリアニング」がブレンドされています。

なお、そうした個人の過去生に由来するブレーキとは別に、もともと日本人の集合的無意識には、適正なお金を受け取ることへのブレーキがあるようにも思えます。

多くの国々では食事をしながらお金の話をするなど、お金について語ることに対しあまり抵抗感がありません。

一方、日本ではTPOをわきまえずにお金の話をすると品性を疑われます。そういう文化は美徳でもありますが、いざお金の話をすべきときでも適正な金額を要求できないという形で表れることもあるでしょう。

「豊かさ GET RICH」にブレンドされた「ペパーミント クリアニング」は、そういう思いも含め、きれいにリセットしてくれます。

「豊かさ GET RICH」のパフュームにはもちろん、「豊かさ」のエネルギーも最後にチャージしています。

事例 「豊かさ GET RICH」が繰り返される破産を食い止めた

ある会社の3代目世襲社長のケースです。

その方は27歳のときに実家に呼び出され、訳もわからず契約書にハンコを押させられました。

それにより、個人で借金を引き継ぐ形で会社ごと継承したそうです。

社長になってからは借金返済のため心の余裕がなくなり社員を酷使します。当然、社員の心は離れていき、その方と社員との間に断絶が生じました。

そこで、心の余裕を取り戻すため、朝に読書をしてみたり、瞑想をしてみたりといろいろ取り組んだそうですが、何も変わらなかったといいます。

そんなとき、経営者の勉強会で私と偶然に出会いました。話を聞いてすぐに過去生の経験が影響しているとわかった私は、その方にわかりやすいように「それはカルマではないですか」と伝えてみたところ、「それはわかる」と即答。

よく話を聞くと、「私の家系は豊かになったかと思うと破産し、そこから立ち直って再び豊かになるとまた破産する……ということを繰り返している。私もそれを引き継いでいると思う」と説明してくれました。

このやり取りがきっかけで、この方はイシリス33メソッド®を受講。さらに、「豊かさ GET RICH」を使いはじめます。

すると、いったんは融資を断った銀行から再度連絡があり、借入できることになったのです。さらに、もう1件アプローチしていた銀行からも借入できました。

赤字続きで業績回復の目処が立っていない会社への融資が通ったというだけで奇跡ですが、そこでは終わりませんでした。その後、この方の会社は融資された資金を元手にして、それまでの経験を生かした別事業を興し、それが順調に成長しているそうです。

事例 「豊かさ GET RICH」で夫が昇進した

40代女性のケースです。

「豊かさ GET RICH」によってお金に関する潜在意識を変えたところ、使いはじめてから半年も経たないうちに、この方の夫が昇進したそうです。お金を受け取る準備が整うと、このように家族など周囲も一緒に豊かになっていきます。

この他、お金の話が苦手という女性のケースでは、「豊かさ GET RICH」を使うようになってから、それまで行き過ぎた値引きをしていたのを止めることができたそうです。その後は、罪悪感を持つことなく自身の働きに見合った収入を得られるようになっています。

お金自体が持つエネルギーについて

ここでお金自体が持つエネルギーについても説明しておきましょう。

お金を手にして筋肉反射テストを行うとまず確実に、指に力が入らず開きます。これは、そのお金に触れてきた多くの人の念がエネルギーとして入ってしまっているからです。そのエネルギーは、筋肉反射テストでは良くないものとして検出されます。

これに対処するには、Ｐａｒｔ４で紹介したイシリスのマークに宇宙根源のエネルギーをチャージした「イシリス高周波エネルギーチャージ®シート 中サイズ」を財布に入れておきます。約６センチ角のカードなので、たいていの財布に収まるはずです。

財布に入れておくと、お金のエネルギーは高周波のポジティブなものに変換されます。実験してみるとわかりますが、いったんこの財布に入れたお金を取り出して筋肉反射テストで確認すると、指がしっかり閉じるようになっています。

さらに、そのお金で買い物すると、レジを担当した人に〝福〟を与えることになります。そのお金は、レジの中の他のお金のエネルギーも高周波でポジティブなものに変換するので、レジからお釣りなどの形でそのお金を手渡された人々にも〝福〟を与えます。

つまり、「イシリス高周波エネルギーチャージ®シート 中サイズ」を入れた財布からのお金を使うだけで、たくさんの人々に〝福〟を与えることになるのです。

この〝福〟はやがて自分に戻ってきて、自身を豊かにしてくれます。まさに、「原因と結果の法則」です。豊かさの周波数を振りまくことで、豊かな物事を引き寄せると説明してもいいでしょう。

ただし、潜在意識でお金に関する強固なブレーキがかかっている場合、財布に入れるカードが１枚だけではエネルギーが不十分で、２枚、３枚と増やす必要があります。

先に紹介した３代目の世襲社長のケースでは、筋肉反射テストで調べたところ、「52枚が必要」という答えでした。

さすがに、すごい枚数なので「どうしますか?」と聞いてみたところ、「いや、入れます」とのこと。いったん財布の中身を取り出して52枚すべてを入れました。この方にとっては、お金に関する潜在意識のブレーキを開放するために、これほどの枚数が必要だったわけです。

この本を書いている今現在もまだカードを入れていますが、ブレーキがかなり開放されてきたので18枚まで減っています。さらに開放されていくと必要な枚数は減り、お金に関してよりポジティブな現象が起きてくるようになります。

「すこやか HEALTHY」——自身の体と愛をもって調和する

「能力アップ ABILITY UP」「豊かさ GET RICH」の他、「すこやか HEALTHY」が経営者に人気です。経営者の中にはスポーツジムに通っている人も非常に多く、健康に対する意識が高いことがうかがえます。

「すこやか HEALTHY」にブレンドされているのは、「プチグレン すこやか」「パルマローザ 素直」「ローズゼラニウム 愛」「ジュニパーベリー 調和」「マンダリン 癒し」です。

愛と調和が入っているのは、自分の気持ちを愛おしく思い、大事に扱うことがすこやかさにつながるからです。

私たちは他の人には「お疲れさま」と声をかけますが、自分自身の体にはそういうことをしません。しかし、四六時中絶えることなく生かしてくれているのは、私たち自身の体なのです。だからこそ、愛をもって自身の体と調和すべきです。そうしなければ、決してすこやかさは得られません。

就寝前、自分の体に「今日も1日ありがとう」と声をかけるといいといわれますが、それも同じことです。

一方、「マンダリン 癒し」には、「あなたは癒されていいんですよ」と語りかけるようなエネルギーをチャージしています。それは、体に問題を持つ方のほとんどが潜在意識に「癒されたくない」というブレーキを持っているからです。

「マンダリン 癒し」は潜在意識の「癒されたくない」を「癒されていい」に変換します。すると、心身ともに大きくエネルギーが高まり、すこやかさへと大きな一歩を踏み出します。「すこやか HEALTHY」のパフュームには、「すこやか」のエネルギーも最後にチャージしています。

「ストレス解消 STRESS FREE」──受け入れて手放す

ストレスを感じやすい人や、ストレスが予想される状況にお勧めなのが、この「ストレス解消 STRESS FREE」です。

特にストレスを溜め込んでいないと思っている人でも、気づいていないだけで実際はそうではありません。事実上、ほとんどすべての人に「ストレス解消 STRESS FREE」が必要と考えていいでしょう。また、不安を感じやすい人にもお勧めできます。

「ストレス解消 STRESS FREE」にブレンドされているのは、「パルマローザ 素直」「マンダリン 癒し」「ティートゥリー 浄化」「ペパーミント クリアニング」です。

「素直」が入っているのは、ストレスを溜め込んでいる人の多くが、その事実を〝素直〟に受け入れず、「自分は特にストレスはない」と思い込んでいるからです。

むしろこういう人ほど、顕在意識でストレスを無視してしまっている分、潜在意識では非常に大きなストレスを溜め込んでいるものです。

まずは、ストレスがあることを認めなければ、それをなくすこともできません。

現代人でストレスが皆無という人はまずいないので、そこを素直に認めることが大切です。

また、「素直」に「癒し」を併せることで、すべてを受け入れられる状態になります。

この状態では物事を俯瞰《ふかん》する視点で見ることができ、「この人は嫌いだ」「一緒に仕事したくない」「この人のこういう価値観が許せない」といった自身の思いを、距離を置いたところから客観的にとらえられます。

すると、これまで許せなかった相手に対しても「そういう人もいるよね」と思えるようになり、許せなかった物事は「そういうこともあるよね」と思えるようになります。

そのように視野が広がっていくと、「あれが嫌だ」「これが嫌だ」というさまざまな思いを手放せるようになるので、それらの思いのエネルギーを「浄化」と「クリアニング」できれいに除去してしまいます。

すると、ストレスから解放され、実にすっきりとした清々しい気分になります。

「自分は特にストレスはない」と言っていた人でも、「ストレス解消 STRESS FREE」を使うと「ああ、楽になった」と感想をもらすことがほとんどです。

溜め込んだストレスによる〝低空飛行〟に慣れていてそれが普通だと思っていた人は、「ストレス解消 STRESS FREE」で一気に晴れ渡る雲の上に上昇すると、これまでがいかに低いところにいたのか実感します。それが、「ああ、楽になった」という言葉になるのでしょう。

「ストレス解消 STRESS FREE」のパフュームには、「ストレス解消」のエネルギーも最後にチャージしています。

事例

「ストレス解消 STRESS FREE」で上司の態度が好転

営業職の男性会社員の方のケースです。

この方は大企業に勤めているのですが、すぐ後ろの席の上司からよく怒鳴られており、自身の部下も全員その上司のことを恐れている有様だったそうです。

ノルマを達成しないと厳しく叱責されるので土日も休日出勤し、過剰な仕事量を課せられる一方で残業は禁止されるので、早朝出勤して仕事をしていたといいます。

いわゆるパワハラ上司の典型であり、これでは誰もがストレスを溜め込んでしまうはずです。困り果てた彼は職場で「ストレス解消 STRESS FREE」を使ってみることにしました。男性ということもあり職場では堂々とプッシュしにくいため、デスクの下で自分の足の甲のあたりにプッシュして後ろの席の上司にも香るようにしました。

実際には、香りはそこまで届いてないと思いますが、エネルギーが上司のほうへ向かうように意識してプッシュしたそうです。そうするとエネルギーは実際にそちらへ向かいます。

その結果、上司の態度が変化して、この方に休暇をとるよう勧めるようになったそうです。結局のところ、その上司もストレスを溜め込んでいたのでしょう。

この方は、上司の変化に驚いたことを「目が点になった」と伝えてくれました。上司の変化に伴い、周囲の社員の雰囲気もすごく良くなったといいます。

その他、「能力アップ ABILITY UP」も併用しており、今では本来の能力を発揮して仕事で高い成果を上げています。

事例

「ストレス解消 STRESS FREE」で行動にスイッチが入る

その他のケースとして、高圧的な顧客の来訪前、飾ってある造花に「ストレス解消 STRESS FREE」をプッシュして備えたという報告もありました。結果的に、相手はそれまでとは別人のような穏やかな態度で話してくれて、それからは良い関係を築いているそうです。

また、「何もやりたくない」という思いで行動がストップしてしまったときに、「ストレス解消 STRESS FREE」をプッシュしてみた方もいます。

この方はそれまでソファでごろごろして動けなかったのが、「ストレス解消 STRESS FREE」を使った瞬間にすっと立ち上がって、やるべき仕事に着手できたと報告してくれました。

このように、行動にスイッチが入らないときはストレスが邪魔をしていることが多いので、「ストレス解消 STRESS FREE」がとても効果的です。

さらに、「スッキリした気分になって1日をリセットして眠れるようになった。そして、翌日に悩みを持ち越さなくなった」「ストレスを起こさなくなった」という声も寄せられています。

「人間関係 PARTNERSHIP」——女性性を補い、男性性とバランスをとる

「人間関係 PARTNERSHIP」は、家族との問題や親戚との問題、友人との問題、上司と部下の関係での問題、同僚間の問題などを解決したいときに使います。

英語名をパートナーシップ（Partnership）としているのは、人と人が信頼し合い、ともに協力することが人間関係の基本であるからです。

パートナーシップのあり方は、女性性と男性性のバランスで左右されます。

女性性とはリラックスしたエネルギーであり、男性性とは活動的な戦うエネルギーです。

多くの仕事では男性性が求められるので、働いている人は女性でも男性性が強いケースが見られます。特に、営業ウーマンなどは男性性が非常に強い傾向があります。「男なんかに負けないぞ」と常にファイティングポーズをとっているような女性はまさにそれです。

力強く生きていくには男性性が必要なので、それが強いこと自体は決して間違いというわけではありません。

しかし、男性性ばかりが強く、一方の女性性が弱いと攻撃的になりすぎてしまい、人間関係に緊張や衝突がもたらされます。

円滑な人間関係を望むなら、男性であっても100%のうち50%近くは女性性を持ちたいところです。女性なら50%を超えた女性性を持ったほうがいいでしょう。

「人間関係 PARTNERSHIP」には、現代社会において不足しがちな女性性を補うため、「イランイラン 女性性」をブレンドしています。さらに、「パルマローザ 素直」「マンダリン 癒し」「ジュニパーベリー調和」も入っています。

「ストレス解消 STRESS FREE」でも説明したように、「素直」と「癒し」を併せるとすべてを受け入れられる状態になり、物事を俯瞰視点で見ることができます。この視点は女性性と男性性のバランスをとるのに役立ってくれるでしょう。

そして、「ジュニパーベリー調和」がそのバランスをさらに調和してくれます。

なお、過去生という観点では、男性としての転生が多い人ほど男性性が強い傾向になるといえます。

「人間関係 PARTNERSHIP」のパフュームには、「人間関係（の改善）」のエネルギーも最後にチャージしています。

事例 「人間関係 PARTNERSHIP」で無配慮な夫が変わった

結婚40年の夫婦のケースです。

夫は、妻が何をやってあげても「ありがとう」とは言わないとのこと。また、病気で寝ていた妻がやっとの思いで起きて食事の準備をしていたときに、体調を気遣うこともなく「俺の布団敷いてくれた？」と聞いてきたこともあったそうです。

これには娘が憤慨して、「お父さん、自分でやって。お母さんがこんな状態なのわからないの⁉」と怒鳴ったといいます。しかし、妻本人は「夫はこういう人だから」とすっかり諦めていました。

ところが、「人間関係 PARTNERSHIP」などのパフュームを夫の部屋とパジャマ、寝具にプッシュしてみたところ、ある日、夫が自発的に布団を畳み、しまっていました。

結婚40年間にして初の出来事をすぐには飲み込めず、「今日、布団畳んだの？」と夫に確認したところ「ああ」という返事。それ以来、夫はずっと自分の布団を自分で畳むようになったそうです。妻の顔を見て「ありがとう」と言うようになったとも。こうなると妻も夫のことをさらに気遣うようになり、お互いに感謝し合って夫婦円満となる良い循環が生まれます。

事例 「人間関係 PARTNERSHIP」で夫が感謝の言葉を口に

次の夫婦も似たケースで、やはり夫がまったく感謝の言葉を口にしません。出張から帰ってきた夫をねぎらってマッサージをしてあげても、「ありがとう」とは絶対に言わないので、「夫は『ありがとう』と言わない人だ」と思っていたそうです。

ところが、「人間関係 PARTNERSHIP」を使うようになってからは、同じようなことがあったときに、きちんと目を見て「ありがとう」と言うようになりました。以来、感謝の言葉をそのつど口にしているといいます。

事例 「人間関係 PARTNERSHIP」で対話が円滑に

その他、「人間関係 PARTNERSHIP」の愛用者から、「こちらが不満を抱いてしまった相手を受け入れられるようになった。何に不満があったのかもよくわからなくなるなど、即効性を感じた」「顧客が和やかになった」「苦手な面談で落ち着いて対話できるようになった」などの報告を受けています。

また、「イランイラン 女性性」を単品で使っている方は、最初は苦手だったその香りが気にならなくなってから、人間関係が変わったと言っていました。具体的には、仕方なくイヤイヤ付き合っていた人間関係が切れて、新たな人間関係が始まったそうです。

「やすらぎ HEALING」――人が最終的に求めるもの

やすらぎとは幸福感や至福のことであり、人は最終的にこれを求めています。
能力を求めるのも、お金を求めるのも、健康を求めるのも、ストレスからの解放を求めるのも、人間関係の調和を求めるのも、すべては幸福になりたいからでしょう。

しかし、中には「自分は幸せになってはいけない」というブレーキを潜在意識に持っている人がいます。それを変換するため、「やすらぎHEALING」には「ベルガモット満つる（至福）」「ローズゼラニウム愛」「マンダリン癒し」「パルマローザ素直」をブレンドしています。「やすらぎHEALING」のパフュームには、「やすらぎ」のエネルギーも最後にチャージしています。

事例 「やすらぎHEALING」で睡眠の質が向上

「やすらぎHEALING」の愛用者からは、「不安なときや、おなかが空いてないのに食べないと落ち着かないようなときに使うと、それが落ち着く」「セラピストとして提供している施術中に使うと、相手から『幸せな気持ちになる』『癒される』『ずっとここにいたい』などの反応をいただきます」「どうしようもなく落ち込んだ心が瞬間的に上がります。また、就寝前にプッシュすると、やすらぎのエネルギーをまとって眠ることができ、睡眠の質が向上します」などの報告が寄せられています。

最後となる次のPartでは、宇宙根源のエネルギーで日本を変え、日本からさらに世界を変えるために私が取り組んでいることをお伝えします。また、2ページに掲載した、宇宙根源のエネルギーを体感するための「イシリスマーク」の使い方についても説明します。

Part 6

宇宙根源のエネルギーで
日本から世界を変える

あなたは自覚している能力の99倍の潜在能力を秘めている

私はイシリス33メソッド®の普及の他にいくつかの教育ビジネスを手掛けており、そのひとつに「天才発掘塾」というものがあります。これは、イシリス33メソッド®とも地続きになっている取り組みです。

本書を通して、顕在意識と潜在意識との比率は前者が1％で後者が99％であるということは繰り返し述べてきました。これは能力についても同じであり、見えている能力が1％だとすれば、見えていない潜在能力は99％となります。

一般的に〝能力〟という場合には見えている部分だけを指しますが、実際にはその見えている能力の99倍の潜在能力を秘めているといっていいでしょう。

つまり、自分には能力がないと感じている人でも、潜在能力さえ引き出すことができれば十分すぎるほどの能力を発揮できることになります。

見えている能力＝顕在能力だけで生計を立てられているなら、それはそれでいいのですが、もし潜在能力を発揮できたなら、もっと豊かになることは確実です。

秀才と天才の違い

私たちは皆、生まれたときに生年月日というシリアルナンバーをもらっています。そして、それがどんなナンバーであれ、そこには天から与えられた能力が刻まれています。天からもらった才なので、これを〝天才〟といいます。

では、〝秀才〟とは何でしょうか?

努力して学んで記憶したことで得た能力が〝秀でた才＝秀才〟です。

学んだことは脳の海馬という部位を介して短期記憶から長期記憶へと変換され、大脳新皮質に刻まれます。つまり、秀才になるには、たくさんの勉強が必要です。

一方、天才に勉強は不要です。

すべての人が天から才をもらっているので、潜在能力に気づいて伸ばすことができれば誰もが天才なのです。「天才発掘塾」とは、その天からもらった才を発掘するきっかけを与える場です。

潜在能力は潜在意識の中に潜ってしまっています。しかし、イシリス33メソッド®でそこを整理整頓すると、潜在していた能力が見つかります。散らかった部屋を片付けて重要書類を見つけるような感じです。

そうして見つかった能力を意識すると、それは〝見える化〟して顕在した能力となり、あなたの人生を助けてくれます。

その能力は押し付けられたものではないので、発揮すればするほど楽しく、時間を忘れて没頭できます。その結果、自分の人生を思い通りに生きて、かつ豊かになっていくのです。

AI時代を生き残るには天才になるしかない

私は、企業の社長や士業、医師の方が主に参加している経営塾に参加しています。そこは年収が億単位の人がさらに上を目指すことを目的としているので、みなさん前向きで、時代の変化にも敏感なアンテナを張っている方ばかりです。

その場所で出会ったある方によると、東京工業大学の工学博士と話をしたときに、「今後、仕事は１００％ＡＩに取って代わられる」と言われたそうです。これは士業など専門性の高い仕事なども含んだ話です。

事実、生成ＡＩの「ＧＰＴ－４」はアメリカの司法試験で上位10％の成績を挙げています。つまり、残り90％の人間よりも優秀なのです。

日本の司法試験においても、その用途にチューニングしたＣｈａｔＧＰＴは78％という高い正答率を叩き出しています。

先ほど、学んで記憶したことで得た能力が秀才であると述べましたが、その意味でＡＩは人間以上の〝秀才〟になれます。しかし、ＡＩは人間の左脳の顕在意識から生まれた知識をデータとして集めて学ぶしかないので、右脳の潜在意識に由来する潜在能力、つまり〝天からの才〟はいまだ人間だけのものです。

潜在意識を整理整頓して潜在能力を引き出すことができれば、その天からの才は必ずＡＩを超えたものになります。ＡＩはたくさんの情報を集めてそこから学びますが、まだ存在しないものを生み出すことはできないからです。

今後は、ＡＩによって多くの人が職を失う一方で、天からの才を引き出した天才たちがＡＩを使いこなして社会のリーダーとなる時代に入ります。そのときに、イシリス33メソッド®の養成講座を受けて、自分で自分の潜在意識を変えられるかどうかが、大きな決め手となるでしょう。

ＡＩは人が作ったものであり地球由来のものです。一方、私たち人間の魂は宇宙由来のものであり、天の才を地球にもたらすのは人間をおいて他にありません。

ここを理解できる人は、自分自身だけでなく多くの人々を豊かさへと導く先導者となっていきます。

宇宙根源のエネルギーはＱＯＬを一瞬で向上させる

イシリス33メソッド®や「イシリス高周波エネルギーチャージ®アロマ」「イシリス高周波エネルギーチャージ®アロマパフューム」で使っている宇宙根源のエネルギーは、ＱＯＬ（＝Quality of life：生活の質）の向上にも大いに役立ちます。

「ＱＯＬ」は医療分野でも使われる言葉ですが、ここでは広く生活全般の質のことを指していると考えてください。

Ｐａｒｔ５で紹介した、財布の中に入れて使える「高周波エネルギーチャージ®シート中サイズ」と同様に、イシリスマークに宇宙根源からの高周波エネルギーをチャージした、さまざまなサイズのシートやシールなどの製品もＱＯＬの向上に有用です。

いずれも、そこへ食品を置くと農薬や添加物、その他の有害化学物質などの影響を無効化、あるいは緩和します。さらに、食べ物としてのエネルギーが高くなるので、それを食べた人のエネルギーを高めることになります。

食品以外では、シャンプーやトリートメント、化粧品などを置いてもいいでしょう。やはり、添加物や有害化学物質の影響を無効化、あるいは緩和します。

その他、植物の生育促進、携帯電話や電化製品の電磁波対策、部屋のエネルギー的な浄化、アクセサリーなど身に付けるものの浄化などにも活用できます。

いずれの製品も、エネルギーが枯れることはなく恒久的に効果を発揮し続けます。

なお、イシリス33メソッド®の講座で宇宙根源のエネルギーの伝授を受けた人は、目の前の相手や遠隔地にいる相手にエネルギーを与えられる他、物品にエネルギーを作用させてネガティブな影響を取り除くことができます。

ただし、物品にエネルギーが持続的に維持されるようにチャージすることはできません。

大地を浄化し、元気にするカード

宇宙根源からの高周波エネルギーをチャージした製品のひとつに、「大地が蘇るミラクルパワー『Isiris』大地カード」というものがあります。

これは、宇宙根源のエネルギーに加えて、使用者の住宅地や農地を守るエネルギーをチャージしたものであり、土地の四隅と中央の5か所に置くと高い周波数の〝結界〟が張られます。

農地に使った場合は土壌に蓄積した農薬が浄化され、害獣や害虫は寄り付かなくなります。

ここでいう結界とは、「トーラス」と呼ばれる幾何学的な構造をしたエネルギーフィールドのことです。トーラス構造は、地球全体の地磁気の流れやリンゴの形状にも見出すことができます。また、人体のエネルギーフィールドもトーラス構造になっています。

このカードに関しては、「農地の獣害、虫害がなくなった」「近くの電線にいつも止まっていたカラスの群れがいなくなった」などの報告を受けており、現在は土壌がどう変化するかについて外部の研究機関に調べてもらっているところです。

自宅の敷地に設置した場合は、住人の心身に良い影響を及ぼします。結界の内側に入るだけで体が軽く感じるといった変化がよく報告されています。

カードは室内に置いてもいいので、マンションなどでは自室の四隅と中央に設置するといいでしょう。

いわゆる〝憑依体質〟の自覚がある人も、この結界の内側ではそうした影響を受けなくなり、家のあちこちで原因不明の音が鳴るラップ現象なども収まります。そこで、ホテルなどに外泊するときにカードを部屋に配置して、帰るときに回収している人もいます。

また、報告されている事例は少ないのですが、カードを自宅に設置していたところ、揺れの大きな地震でも被害が最小限で済んだという声も寄せられています。

日本列島を浄化し、日本人の霊性を取り戻す

「大地が蘇るミラクルパワー『Isiris』大地カード」には、個人レベルの活用にとどまらない大きな価値があります。

日本列島は神獣である龍の形にも見え、これを〝龍体〟と呼ぶ人もいます。事実、日本はとてもエネルギーの高い土地であり、そこに住む日本人は高い霊性を誇ってきました。

しかし、土地が農薬や公害で汚れてしまったことで、現在は日本人の霊性も本来の輝きを失っています。

個々の日本人の魂の輝きを取り戻すには、イシリス33メソッド®が非常に有効です。

一方、「大地が蘇るミラクルパワー『Isiris』大地カード」で土地や建物を浄化すると、そこに関わる人々の魂の輝きをまとめて取り戻すことができます。

もし日本中の大地を浄化してきれいな状態にできたなら、すべての日本人が本来の霊性の輝きを取り戻すことになるでしょう。

そのように、日本の大地を浄化して日本人

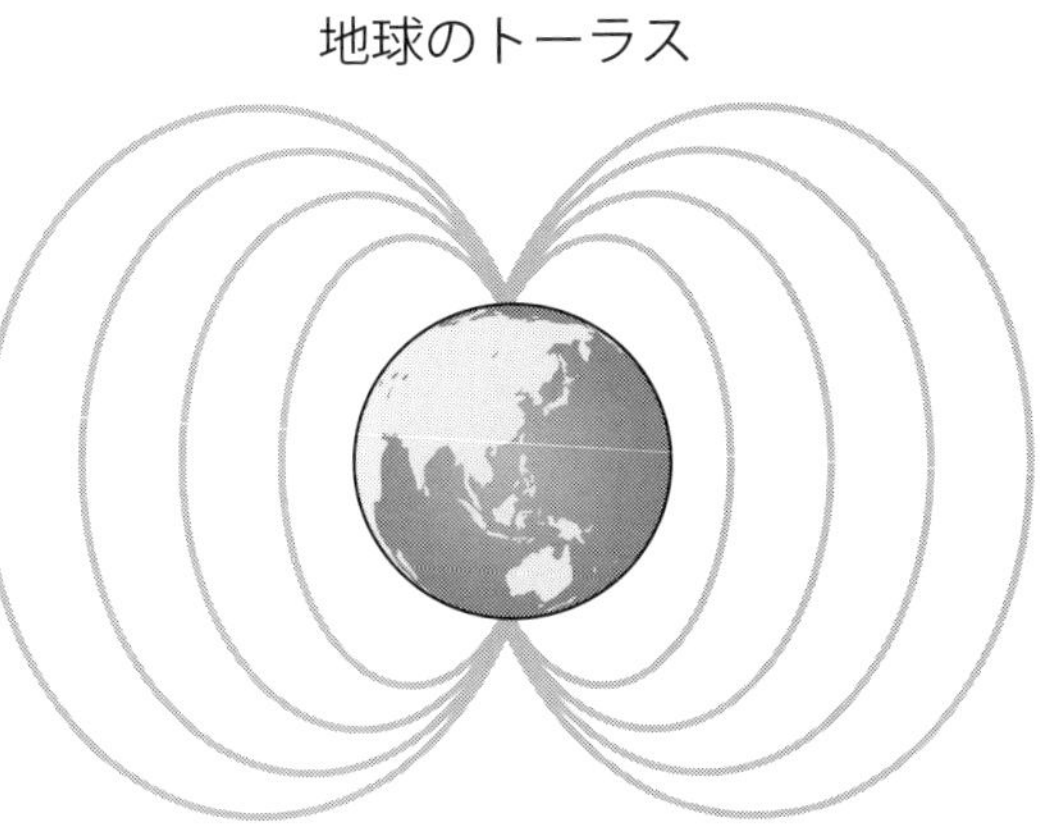

図9　地球のトーラス

の霊性を取り戻すことが、私にとっての社会貢献であり、人生をかけたビジョンであるといえます。

中小企業の社長が変われば、日本がまるごと変わる

日本人の本来の霊性を取り戻すには、日本中の経営者に目覚めてもらうことも必要です。それは、社会の上部構造から変えたほうが全体の変化は早いからです。

会社には直感と経済合理性の両方が必要であり、これを脳でたとえると前者を松果体、後者を大脳新皮質と見なすことができます。

松果体はPart3で説明した通り、第六感、直感、広い視野などに関係しています。一方、大脳新皮質は知覚、記憶、思考、随意運動、言語などに関係しています。

会社経営においては、松果体でピンときたものを大脳新皮質の経済合理性で実行に移す連携がうまくいくと、その会社は成長することになります。

日本を変えるために、少しでも多くの経営者にこの考え方を知ってほしい……。特に中小企業の社長たちに伝えることが重要です。

日本には360万社を超える会社があるといわれますが、その中で大企業といえる規模の会社は1％未満です。意識にたとえるなら、中小企業が日本経済の〝潜在意識〟であり、大企業

が〝顕在意識〟であるといってもいいでしょう。

私たちは大企業の名前ばかりを目にしているので、それらの会社が日本経済を支えているように錯覚してしまいますが、実際に日本経済を支えているのは〝縁の下の力持ち〟としての中小企業です。日本を変えるには中小企業から変えなければなりません。

そこで、私はイシリス33メソッド®を中小企業の社長たちに学んでもらい、松果体の直感と大脳新皮質の経済合理性を両立した経営をぜひ実践してほしいと考えています。

1億数千万の人口で天然資源にも乏しい日本が世界に冠たる経済大国になったのは、日本人が非常に高い能力を持っていたからです。

日本経済の潜在意識に相当する中小企業の社長が目覚めることで、日本人の能力はさらに開花するでしょう。

だからこそ私は、360万人の中小企業の社長たちに対し、「イシリス33メソッド®を身に付けてあなたの能力を引き出し、さらには日本を変えようよ」と呼びかけたいのです。

地球の周波数上昇の〝波〟へ上手に乗る

経済的な成長が穏やかになった現在でもなお、日本は技術力に秀でた経済大国であり、日本人の品性の高さは世界中から称賛を集めています。

しかし今現在、地球の周波数は上昇し続けているので、日本人も含め、人類全体が周波数を上げていかないとやがてギャップに苦しめられます。地球の周波数が上がったからといって、そこに住む人類の周波数が自動的に上がるわけではないのです。

今は問題なくとも、「このままでもいい」という考えではそのうち行き詰まります。地球の周波数が上昇していく〝波〟へ上手に乗れないと物事の歯車が合わなくなってきて、悩みや葛藤ばかりが増えていくでしょう。

その地球の周波数上昇への〝波乗り〟をサポートするのが、イシリス33メソッド®と高周波エネルギーチャージ®製品の数々です。

地球の周波数上昇の〝波〟にはすべての人が巻き込まれていくので、個人としての〝波乗り〟はもちろん、日本人全体としての〝波乗り〟、果ては世界人類全体の〝波乗り〟をサポートするのが私の使命であると考えています。

成熟した魂を持つ日本人が世界を導いていく

世界人類の〝波乗り〟をサポートする前に、まずは日本人から着手しなければなりません。

それは、日本にはたくさんの転生を重ねてきた〝成熟した魂〟の持ち主が多いからです。そうした特別な魂を持つ日本人が変われば世界も変わります。

日本人を構成する遺伝子のうち特に縄文人の遺伝には、髪色と目の虹彩が黒いという特徴があります。転生回数が多いほど髪や目の色は濃くなると考えてください。日本人の多くは、数限りなく繰り返されてきた転生の中で魂が錬磨され成熟しています。

成熟した魂の内面的な特徴としてまず挙げられるのが、「一を聞いて十を知る」という能力です。また、和を尊び争わず、互いに助け合います。

さらに、第六感が生まれながらに発達しています。秋のスズムシの鳴き声に風流を感じるのも、実はある種の第六感なのです。

また、意識の観点では、日本人は〝心の層〟が深いと感じます。

日本人同士の会話では、言葉にしないところの思いを互いに汲みとり合いますが、外国人の会話にはそれがありません。彼らは言葉にしたことだけを互いに理解します。

この違いは、日本語には言葉の意味に多層的な深みがあり、それ以外の言語にはそれがないことから生じています。

日本語の多層的な深みは、日本人の心の層の深さに由来しています。顕在意識の背後に途方もなく広い潜在意識が存在していることを直感的に理解しているから、そうした多層的な深みを持つ言語が生まれたのでしょう。

それらのことから、潜在意識を自在に使いこなす時代へと人類を導いていくのは、日本人以外には考えられません。

ただ、日本人にも例外はあります。たとえば、今生まれてきている子どもたちの中には、宇宙から転生してきた魂を持つ人が多くいます。彼らの魂は地球では初心者なのでどう生きていいかわからず、不登校になるようなケースも珍しくありません。

しかし、地球での学びは苦手であっても、その一方で宇宙の叡智を潜在意識に持って生まれてきているので、これからの大変化の時代には貢献するところも大きいはずです。

日本が切り開く「宇宙文明」

成熟した魂を持つ日本人は、それゆえに他の先進諸国からの圧力を受け続けています。経済的な圧力もそうですが、それ以外に日本の良き伝統や慣習を西洋的な価値観で上書きされたり、重要な情報が入らないようにされたりして、本来の能力を封じられているのです。

世界の主導的国家は、約１６００年という長期的な周期で入れ替わっているという説があり、それによると、本来なら１９９５年から日本が世界を主導する役割に就いているはずです。まだそうなっていないのは、まさに西洋の先進諸国からの圧力のせいでしょう。

現在の日本では、若い人の多くが低年収にあえいで貯金もなく、また伝統的な精神性も失ってしまっています。

この状況に対し、私と関わりのある経営者の方々は、本来の日本人の姿を復活させるべく活動を開始しています。その活動において、私は少しでも多くの日本人の潜在意識を変えることで貢献したいと考えています。

それにより日本と世界で活躍できる日本人を増やしていけば、日本は西洋諸国のような〝支配の論理〟ではなく、〝世界の長男〟のような立場で豊かな未来へと世界を主導していけるはずです。

その豊かな未来のことを私は「宇宙文明」と呼んでいます。

宇宙文明とは、宇宙根源のエネルギーを活用して、人や物事を一瞬で本来の状態に戻す技術にもとづく文明のことです。欠けたものは欠ける前の状態に戻り、曲がったものはまっすぐに戻り、傷ついたものは傷のない状態に戻ります。

それを実現する技術はすでに開発されつつあり、イシリス33メソッド®もそのひとつです。

小学2年生の私が「〝宇宙恒久平和〟をやりたい」と思ったのは、まさにこのことでした。

あなたが変われば日本が変わり、日本が変われば世界（地球）が変わり、地球が変われば太陽系が変わり、太陽系が変われば銀河系が変わる。そして最終的に、宇宙全体が変わるのです。

それが私の考える宇宙恒久平和です。

だからこそ、まずはあなたから変わりましょう。

あなたは自分では気づいていなくても、実は能力の宝庫です。潜在意識のブレーキを開放すれば、その能力をたやすく獲得できます。

2ページには、宇宙根源からの高周波エネルギーをチャージしたイシリスマークを掲載したので、まずはその効果を実感するところから始めてみてください。

おわりに

2020年代に入ったあたりから、「風の時代」という言葉がよく聞かれるようになりました。重くて目に見える物質が人を支配する「土の時代」から、軽くて目に見えない意識が人を解放する「風の時代」に移行しつつあるというのです。

本書の読者の中にもそんな新たな時代の到来を感じている人がいるでしょう。

意識の時代にシフトしていくと、顕在意識と潜在意識のベクトルが同じ方向へ向いている人と、そうでない人の差がこれまでよりもさらにはっきりしてきます。

地球の周波数が上がっていくと意識の影響力が増していき、意識がお金や物質といった現実の環境を大きく左右することになります。

こういう時代にあって、いつまでも潜在意識でブレーキをかけ続けていてはいけません。人生を思い通りに生きたいなら、まさに今、潜在意識を変え、スピードを上げていかなくてはなりません。

意識はエネルギーであり、また肉体も物質もその本質はエネルギーです。科学的にも宇宙のすべてがエネルギーであると証明されています。

そして私たちは、イライラしていればそのイライラの周波数をエネルギーとして周囲に放射し、喜んでいればその喜びの周波数をエネルギーとして周囲に放射しています。

このエネルギーは、宇宙的な法則である「原因と結果の法則」からは逃れられないので、自分が放射したエネルギーはそのまま帰ってきます。つまり、イライラしている人はさらにイライラさせられる出来事に遭遇し、喜んでいる人はさらに喜ばしい出来事に遭遇するのです。

すべては自己責任であり、周囲に対する不平不満の思いを持っても何も解決しません。

何か問題があるなら、その原因となっている自分の潜在意識を変えるしかないのです。それをできるのが本書で紹介してきた「イシリス33メソッド®」です。

潜在意識のブレーキを外したとき、これまで覆い隠されてきた潜在能力も開花します。そして、その能力を使って本当に自分らしい生き方ができるようになります。

「自分にそんな能力があるのだろうか?」

そんな風に思う人もいるでしょう。

しかし、あなたの潜在意識には、集合的無意識としての46億年の地球の歴史と20万年の人類の歴史が記録されています。また、日本人の魂としてこの地球で数限りない転生を経て錬磨され成熟しているので、個人としても非常に豊かな能力を潜在意識に秘めています。

生きているうちにその能力を最大限に引き出せなかったとしたら、それはとてももったいないことです。

本書が、能力の宝庫である潜在意識の鍵を開けるきっかけをあなたに提供できたなら、これに勝る喜びはありません。

最後に、これまで私の活動を支えてくれたスタッフ、家族や友人に感謝の思いをお伝えしたいと思います。

近藤祐子

2024年9月

潜在意識《せんざいいしき》は1秒《いちびょう》で変《か》えられる！

2024年11月1日　初版第1刷

著　者 ―――――― 近藤祐子《こんどうゆうこ》
発行者 ―――――― 松島一樹
発行所 ―――――― 現代書林
〒162-0053　東京都新宿区原町3-61　桂ビル
TEL／代表　03(3205)8384
振替00140-7-42905
http://www.gendaishorin.co.jp/

デザイン ―――――― 田村　梓（ten-bin）
イラスト ―――――― 宮下やすこ

印刷・製本　㈱シナノパブリッシングプレス
乱丁・落丁本はお取り替えいたします。

定価はカバーに
表示してあります。

ISBN978-4-7745-2022-3　C0011